LA VILLE DE VALENCIENNES

ASSIÉGÉE PAR LOUIS XIV

EN 1677

A-T-ELLE ÉTÉ PRISE PAR FORCE OU PAR TRAHISON ?

.... Antiquam éxquirite matrem.
          VIRG., *Æneide*, L. III.

« Un bruit court que le Roi va tout réduire en poudre
« Et dans Valencienne est entré comme un foudre. »
          BOILEAU, Ep. VI, v. 85.

LA
VILLE DE VALENCIENNES

ASSIÉGÉE PAR LOUIS XIV

EN 1677

A-T-ELLE ÉTÉ PRISE PAR FORCE OU PAR TRAHISON?

Par H. CAFFIAUX

DOCTEUR ÈS-LETTRES
ARCHIVISTE DE LA VILLE DE VALENCIENNES

VALENCIENNES
LEMAITRE, LIBRAIRE-ÉDITEUR
RUE DU QUESNOY, 14 ET 16

1875

IMPRIMERIE PRIGNET, RUE DE MONS, 11, A VALENCIENNES

LA VILLE DE VALENCIENNES

ASSIÉGÉE PAR LOUIS XIV

EN 1677

A-T-ELLE ÉTÉ PRISE PAR FORCE OU PAR TRAHISON?

Tout n'a pas été dit sur la prise de Valenciennes par Louis XIV en 1677.

La version accréditée jusqu'ici n'est pas une de celles auxquelles on s'est arrêté après avoir entendu contradictoirement les deux parties et quand tout ce qui s'est dit en présence du fait a été recueilli, contrôlé, discuté, pour être rejeté ou maintenu. Elle n'est, au contraire, que l'écho des bruits du camp français dont les lettres de Pélisson (1) et les documents réunis par Dinaux (2) montrent bien l'incertitude, la confusion, l'incohérence.

Qui pourrait croire, en les lisant, que ces intrépides mousquetaires, après leur entrée dans nos murs, durent reculer, de rue en rue, jusqu'au cours de l'Escaut dont ils se couvrirent? Qui devinerait que nos bourgeois, dans une bataille de rues dont Pélisson ne dit rien, surent combattre et mourir avec un admirable patriotisme? Qui soupçonnerait enfin l'accusation de trahison

---

(1) *Lettres* 228 et 229.

(2) *Archives du Nord*, 3e série, t. V. On en a fait un tiré à part.

que nos pères, en tombant, formulèrent hautement à la face du vainqueur?

La flatterie, dans l'ensemble confus des témoignages qui concernent cette mémorable affaire, n'a admis que ce qui était *ad majorem Regis gloriam* : on n'a voulu voir que le résultat, en détournant les yeux des causes qui l'ont préparé et qui l'expliquent....

Il faut dire aussi que nos archives sur ce point étaient muettes : des documents officiels ont pourtant existé, des instructions ont été commencées, des hommes accusés de trahison et incarcérés...; mais Louvois, à peine maître de la place, les fit relâcher, défendit toute enquête et, disons-le avec regret, c'est la main du vainqueur et non celle de la justice qui déchira les procédures.

Nous serions donc condamnés à ne rien savoir sur ce fait qui intéressa si vivement nos pères et qui intéresse encore aujourd'hui l'Histoire, si un bourgeois de Valenciennes, *présent au siége,* comme il a soin de le dire, n'avait, jour par jour, et presque heure par heure, consigné, dans un mémoire des plus curieux, tout ce qui attirait son attention et frappait ses regards. Nous trouvons là, sur le fait principal qui nous occupe, les révélations les plus inattendues, les plus dignes de foi.

En dépit de l'opinion des gens qui pensent que, quand un siége est fait, il n'y faut pas revenir, nous allons essayer de refaire le nôtre ; mais disons d'abord quelques mots du témoin dont la déposition va nous faire réviser tout le procès.

Henri de Hennin est son nom ; il était dans les ordres (1), ce qui ne peut que donner à sa parole

---

(1) Voici un extrait d'un registre mortuaire de la paroisse de la Chaussée, qui nous donne la date de sa mort :

« Le 19 mars 1701, fut fait l'enterrement de M⁽ʳ⁾ Henry de Hénain,
« prestre habitué dans cette paroisse, au premier estat, et, le
« 23 mars 1701, fut fait le service du susdit sieur Henry de Hénain,

une plus grande valeur : nous devons croire en effet, jusqu'à preuve contraire, que, prêtre, il a été sincère. Du reste, son récit accuse un homme sans passion et de bonne foi. Il devait, de plus, être éclairé et instruit, ce qui ne gâte rien, car les classiques latins lui semblent familiers ; il cite des auteurs qui tous ne sont pas dans les mains de tout le monde et même parfois, il modifie ce qu'il emprunte pour le mettre en rapport avec la circonstance qu'il décrit. D'autres citations sont puisées dans une sorte de *conciones* qu'il semble avoir bien présent à l'esprit et qui permet de supposer en lui un bon humaniste.

Quoi qu'il en soit, son mémoire est précieux. Il est en effet le seul document contemporain, le seul écrit sérieux qui puisse contradictoirement élucider la question : rien n'y sent l'hypothèse ou les inductions hasardées ; l'auteur ne donne que des faits pris sur le vif par lui, témoin oculaire, et il est impossible de rien trouver de plus précis, de plus nettement circonstancié et de plus concluant, quoiqu'il ne se soit pas permis de rien conclure lui-même.

Nous n'avons pas ici, en effet, un de ces narrateurs

« au premier estat, avec trois grandes messes, vigile et comman-
« dasse, demeurant à la rue du Moulineau. »
En marge est écrit : *De Hénin*.
M. Deffaux, à qui je dois ce renseignement, et qui avait fait, à ce sujet, quelques recherches, n'a rien trouvé de plus ; et si de Hénin a vécu dans la paroisse de la Chaussée, il faut renoncer à savoir quand il naquit, et ce qu'était sa famille, car les registres de cette paroisse sont perdus. J'ai néanmoins rencontré, en dépouillant les archives, un document qui le concerne ; c'est un acte par lequel il donne à l'église de Saint-Jacques une rente de 6 l. 5 s. t. due par la ville de Valenciennes sur les *recrues au denier 20*, à charge de faire dire et célébrer, à perpétuité, dans ladite église, trois messes par an, savoir : deux à l'autel privilégié pour le repos des âmes de ses père et mère, et une troisième pour lui-même. Cette fondation est du 20 janvier 1683 ; elle attribue au donateur le titre de prêtre. (N° 3250 du fonds non classé).

irréconciliables qui, en haine de la domination nouvelle, s'efforcent tout d'abord de ravaler la gloire du vainqueur pour diminuer d'autant la honte du vaincu : notre honnête chroniqueur aime fort Louis XIV et les Français ; il parle avec une satisfaction visible de ces *généreux* qui se battent si bien ; loin de regretter la domination de Sa Majesté catholique, il semble tout gagné à celle de Sa Majesté très-chrétienne et il fait chorus de fort bonne grâce aux admirations officielles de la cour du grand roi. Chaque détail de son récit atteste la trahison, mais lui, dans la simplicité de son cœur (1), dans sa partialité naïve, ne semble pas s'en apercevoir, et c'est pour ainsi dire à son insu que nous suivons de l'œil les diverses phases des intelligences qui paralysent la défense, à mesure que grandit le danger.

Nous ne saurions trop engager le lecteur à ne pas se borner à ce que nous publions et à consulter non seulement les *Lettres* de Pélisson déjà citées, mais encore un travail de M. le prince de la Moskowa sur le même sujet (2), travail dont nous parlerons tout à l'heure : ces dernières lectures, loin de nuire à notre

---

(1) Une autre interprétation est cependant possible : on pourrait dire que la bonhomie de de Hennin et ses sympathies françaises ne sont que feintes ; que sans prononcer le mot de trahison, il y croit, et que c'est ce qui en fait venir l'idée si facilement à l'esprit du lecteur.... Sa réserve s'expliquerait en ce sens que, vivant sous la domination française, il a besoin de ne pas prendre une attitude hostile.... — S'il en était ainsi, nos conclusions s'en trouveraient plus fortifiées qu'affaiblies, car, écrivant sous une surveillance qui devait être jalouse, et avec le sentiment d'un danger qu'il provoque, il a dû chercher à éviter tout ce qui eût donné prise contre lui et par conséquent ne rien avancer qui ne fût su de tout le monde et rigoureusement vrai. Par la même raison, il n'a point dû commettre de ces omissions calculées pour le besoin de la cause. Voilà donc plus qu'il n'en faut pour que nous puissions avoir foi en lui et nous appuyer sûrement sur les faits qu'il rapporte.

(2) *Revue des Deux Mondes*, livr. du 15 mai 1855.

opinion émise ici, lui en feront au contraire mieux sentir toute la force.

D'où vient maintenant que ce récit n'ait pas jusqu'ici modifié les idées reçues et que seul j'en tire des conclusions nouvelles? C'est que cette relation ne semble guère avoir été composée pour le public, mais plutôt pour la satisfaction personnelle de son auteur ; c'est qu'ensuite elle n'est pas telle que l'administration française fût intéressée à la répandre ; elle doit avoir été peu lue et être restée le secret de quelques amateurs, car, outre l'original, on n'en connaît que deux copies.

Dinaux qui, le premier, a fait connaître ce mémoire en l'imprimant dans ses *Archives* (1), n'a pas vu, ou n'a pas voulu voir ce qu'il contient ; il le donne comme une *pièce justificative* à l'appui de la relation du siège de la ville de M. de la Moskowa, relation qui n'est qu'un panégyrique des mousquetaires, de l'état-major français et de Louis XIV. Quant à moi, je dois au récit de de Hennin la conviction que la prise de Valenciennes n'est pas seulement due à la brillante valeur des troupes françaises, mais encore et surtout à des intelligences que leurs chefs avaient dans la place.

Il y a donc lieu de faire comparaître une seconde fois un témoin que nous déclarons avoir été mal compris ; de là notre intention de reproduire son récit tout entier. Nous aussi, nous le donnons comme *pièce justificative*, et nous ferons ressortir, en le suivant pas à pas, l'importance des faits et des circonstances qu'il relate. Nous invoquerons également le témoignage de Pélisson que nous rapprocherons de celui de M. de la Moskowa.

Mais ces différentes versions, dues à des personnes qui, ou connaissaient mal les lieux, ou les connaissaient fort bien (comme notre bourgeois), ne sont pas tou-

---

(1) *Archives du Nord*, 3e série, t. V, année 1856.

jours très-claires. Dans le premier cas, nous avons des confusions qui embrouillent tout ; dans l'autre, des obscurités provenant de ce que l'auteur se croit très-bien compris, parcequ'il se comprend très-bien lui-même ; ce qui lui fait omettre des descriptions et des circonstances nécessaires à l'enchaînement des faits. Nous avons donc, tout d'abord, à faire connaître les lieux sommairement, mais d'une façon nette et précise, et, de plus, à raconter, en complétant les omissions, comment les choses ont dû se passer.

L'intelligence des lieux est assez facile ; ils ont peu changé depuis deux siècles (1). Un bras de l'Escaut séparait la ville des dehors attaqués ; c'était d'abord un pâté ou ravelin, entouré d'un large fossé revêtu et communiquant avec l'Escaut ; puis une contregarde (2) revêtue elle-même et s'appuyant au fleuve, à la gauche et à la droite du pâté, autour duquel elle formait un premier cordon de défense. Venait ensuite une seconde enceinte, l'ouvrage couronné proprement dit ; il protégeait à son tour la contregarde qu'il enveloppait de toutes parts. Le front de l'ouvrage couronné était flanqué de deux demi-lunes revêtues ; lui-même ne l'était pas, mais ses talus étaient garnis de palissades.

On rentrait *du couronné* dans la contregarde par un pont seulement, situé dans la partie septentrionale de l'ouvrage. Ce pont, pont de pierre qu'on voit encore, a sept arches, dont la première sert d'appui à un tablier

---

(1) Plusieurs ouvrages en terre et en maçonnerie ont pourtant été faits depuis cette époque, notamment au nord, pour couvrir l'endroit par lequel pénétrèrent les mousquetaires noirs. Mais ces additions n'ont point changé la disposition primitive des lieux dont on se rend très-bien compte en consultant en outre, dans Dinaux, le plan du siége et même, au musée, le tableau de Vandermeulen.

(2) Pélisson appelle cette contregarde la *demi-lune revêtue devant le pâté*.

mobile. Un pont de même nature, et presque en face du premier, menait de la contregarde au pâté. La tête de ce second pont, sur la contregarde, était garnie de palissades, avec un corps de garde, dont les traces existaient encore en 1869. On s'y introduisait par une bonne porte-barrière, munie d'un guichet et fermant à l'aide d'une pièce de bois qu'on faisait transversalement *basculer* sur son axe de fer. C'est ce que de Hennin appelle assez improprement une *bacule*. A l'autre bout de ce pont était un pont-levis sur lequel on passait pour entrer dans le couloir demi-circulaire du pâté.

Entre le pâté et la ville, il y avait un troisième pont-levis qui s'abaissait sur l'Escaut. A droite, s'appuyant tout à la fois au pâté et au rempart de la ville, se trouvait et se trouve encore une construction qui a joué un grand rôle dans cette affaire ; c'est une arche en briques, surmontée d'une muraille percée de meurtrières. Elle était destinée à cacher le pont-levis aux batteries qui pourraient s'établir en amont, afin que les communications de la ville et du pâté ne pussent souffrir de la fusillade ou du canon ennemi.

Avant de raconter les faits, quelques explications me semblent encore indispensables.

Le plan d'attaque, discuté devant Louis XIV et adopté par lui, était, pour la journée du 17 mars 1677, de s'élancer dans l'ouvrage couronné et de s'y maintenir, *rien de plus*. On devait ensuite aviser au moyen d'aller plus avant et de s'emparer de la ville. Au dire de Pélisson, Vauban parlait de faire sauter le pâté avec une mine et de combler l'Escaut avec des fascines.

Ce plan était-il de tout point réalisable ? Je n'en sais rien, mais assurément il n'était pas sans danger, car une fois maîtres de la couronne, si les Français s'arrêtaient devant la contregarde, ils pouvaient essuyer un terrible désastre. Enfermés dans cet ouvrage, privés d'artillerie, en butte à celle de la contregarde et des remparts qui aurait plongé sur eux, ils pouvaient être exterminés presque à bout portant, de front et de flanc, par la fusillade et la mitraille, avant d'avoir creusé des tranchées. A plus forte raison leur eût-il été difficile de faire sauter le pâté et de réunir les fascines nécessaires pour combler l'Escaut.

Ce danger n'avait échappé à personne dans le conseil de Louis XIV; aussi, conformément à l'usage, du reste, voulait-on une attaque de nuit (1), mais il est à croire qu'on n'exposa au conseil que la moitié du plan (2). Grâce aux intelligences qu'il avait dans la place, Vauban comptait bien s'emparer, non seulement de l'ouvrage

---

(1) « ..... Il y avoit grand sujet d'appréhender que, quand on
« auroit pris l'ouvrage à couronne, on ne fût foudroyé des rem-
« parts de la ville, avant que d'y avoir pu faire des logements... »
« Sur cela, avant hier 16 de ce mois, le Roy étant allé aux tra-
« vaux, fit appeler Vauban et tint une manière de petit conseil,
« pour écouter ses raisons ; après quoi, il résolut de le laisser
« faire comme il l'entendoit, c'est à dire de donner les mains que
« l'attaque se fît le jour. » — (Pélisson, 1. 228).

(2) « Les raisons de Vauban, *que je ne sais peut-être pas toutes*,
« étoient premièrement : que chacun faisoit mieux de jour que de
« nuit, à la vue du maître ; que l'attaque étant d'une grande éten-
« due, la confusion et le désordre étoient autant à appréhender
« pour nous qu'à espérer pour les ennemis ; qu'on les surprendroit
« beaucoup d'avantage en les attaquant de jour, après qu'ils auroient
« été inutilement sur leurs gardes toute la nuit ; et enfin que,
« comme on enfermoit tout ce grand ouvrage en demi-rond, il
« pouvoit très-facilement arriver la nuit qu'une partie de nos gens
« tirât sur l'autre. » — (Pélisson, lettre 228).
Le lecteur remarquera que Vauban ne réfute nullement la possibilité d'être écrasé dans la couronne : sans doute il avait de bonnes raisons pour croire qu'on ne s'y arrêterait pas. Si maintenant nous cherchons quels peuvent être les motifs que Pélisson le soupçonne de ne pas donner, nous dirons que l'expédition que nous supposons confiée aux mousquetaires, déjà difficile le jour, était impossible la nuit, et que, d'autre part, si Vauban savait qu'un *heureux hasard* devait lui tenir ouvertes certaines portes, il n'était pas obligé de le dire en plein conseil.

couronné, mais encore et surtout de la contregarde, du pâté, de la porte d'Anzin et des remparts environnants, ce qui le rendait maître de la ville.

On a trop cru jusqu'ici que, dans la confusion d'une attaque générale, les mousquetaires, emportés par leur ardeur, passèrent, à la suite des fuyards, des dehors attaqués au sein même de la ville : leur bouillante initiative et le hasard auraient tout fait... — Je crois à un plan conçu par Vauban et facilité par des traîtres.

Et d'abord, les mousquetaires ne se trouvaient pas confondus dans les autres colonnes d'attaque ; ils avaient une place aussi distincte que leur mission était spéciale. On les avait postés à l'extrême droite et à l'extrême gauche et ils semblent avoir été tout particulièrement chargés de profiter du tumulte causé par l'assaut donné à la couronne pour : 1° s'emparer des passages qu'on savait devoir être ouverts et mal gardés ; 2° pénétrer dans la contregarde, puis dans le pâté, puis dans la ville, soit par le pont-levis, soit par l'arche en briques que nous connaissons. Le succès de l'opération qui leur était confiée, corrigeait ainsi ce qu'avait de dangereux la prise pure et simple de la couronne et, comme nous l'avons dit, mettait les clefs de la ville en leur pouvoir.

Ceci posé, voici comment les choses se passèrent selon toute vraisemblance :

Pendant que les gardes et le régiment de Picardie assaillaient l'ouvrage couronné, les mousquetaires blancs à droite, les noirs à gauche, se glissèrent, les premiers le long de l'Escaut, les autres à une faible distance, et ils pénétrèrent dans les dehors par la gorge. « Les mousquetaires, dit Pélisson, marchè-
« rent par de petits détachements ; le premier, de 10,
« commandez par un brigadier, avec autant de grena-
« diers commandez par un de leurs officiers ; le second,
« de 20 ou 30, commandez par un maréchal de logis,

« avec autant de grenadiers ; le troisième, de 40 ou
« environ, commandez par un officier supérieur avec
« encore des grenadiers ; après quoi, venoient les capi-
» taines-lieutenants des deux compagnies avec tout le
« reste des leurs. » (L. 229).

Deux mots, tout d'abord, à l'appui de notre supposition. L'ordre formel pour cette journée étant de s'emparer de la couronne, et tel étant le but de l'attaque, que font ces mousquetaires en dehors de cette attaque, marchant presque isolés et (vu leur petit nombre et la direction qu'ils prennent), en quoi peuvent-ils concourir à la prise du grand ouvrage ? Évidemment leur mission est distincte et ils ont un but tout différent : leur objectif n'est pas le couronné qu'ils ne font qu'effleurer et où ils ne s'arrêtent pas ; c'est le pâté même et de plus les communications du pâté avec la ville. Les enverrait-on ainsi en enfants perdus, si l'on n'avait de bonnes raisons pour croire que les passages qu'ils doivent prendre seront, à telle heure précise, ouverts et sans défenseurs ? Qu'y auraient-ils pu faire si les passages avaient été bien fermés ?... — Que les mousquetaires n'aient pas été tous dans le secret, je le crois sans peine, mais je ne puis admettre que ceux qui les guidaient n'aient pas su positivement où ils allaient. S'ils n'en ont rien dit ensuite, c'est que tout le monde y devait trouver son compte, excepté les vaincus, à qui l'on refusa la permission demandée de faire une enquête.

Quoi qu'il en soit, les blancs, au midi, ne firent qu'effleurer l'ouvrage couronné (1), et un étroit passage, sur la berge, les mena dans l'intérieur même de la contregarde, soit par une brèche due à la batterie de la

---

(1) Un certain nombre de gardes et de mousquetaires blancs semblent pourtant, avant d'entrer dans la contregarde, avoir fait le tour du couronné en longeant sa limite intérieure. (Voir Pélisson, lettres 228 et 229).

fontaine de Notre-Dame (1) ou à celle des maisons du faubourg, soit par une petite porte encore visible, bien qu'on l'ait depuis murée. Les noirs, au nord, se glissèrent aussi, non sur la rive même du fleuve, mais entre le couronné et un fort casematé, percé de meurtrières (2) et qu'on voit encore le long de l'Escaut. Ce fort protégeait la gorge septentrionale de l'ouvrage couronné. En atteignant la muraille de la contregarde, ils trouvèrent *ouverte* une petite porte (3) qui les conduisit devant le pont même du pâté où les blancs les joignirent. Les uns et les autres avaient chassé devant eux ce qu'ils avaient rencontré d'Espagnols. Alors, s'élançant vers le guichet et le corps de garde qui était vide, ils sautèrent par dessus l'obstacle, blessèrent à l'autre bout du pont l'officier qui, avec quatre ou cinq hommes, s'efforçait de hausser le pont-levis, leur passèrent sur le corps, franchirent le couloir du pâté, et, toujours poursuivant et massacrant les fuyards, ils arrivèrent au pont-levis qui donnait accès dans la ville. Ce pont était lui-même baissé ; ils faillirent passer sans obstacle, mais trois canonniers bourgeois, les frères Wainpain et un nommé Mesnar, eurent la présence d'esprit de le lever, de fermer les battants intérieurs et de courir avertir les magistrats. Les fuyards furent précipités dans l'Escaut et les mousquetaires obligés de s'arrêter.

(1) Voir le mémoire de de Hennin, journées des 16 et 17 mars ; voir aussi Pélisson, lettre 228.

(2) Pélisson, lettre 229.

(3) J'ai vu et je connais la petite porte qui livra passage aux mousquetaires noirs. Pélisson parle en outre d'un souterrain également *ouvert*, par lequel pénétra le plus grand nombre des mêmes mousquetaires, sous la conduite du marquis de Jauvelle ; on n'en voit plus rien aujourd'hui et c'est peut-être la même petite porte, alors suivie d'une voûte de quelques mètres, qui donnait au passage l'aspect d'un souterrain.

Si les chefs de ces braves jeunes gens n'avaient eu d'autre *ordre* que celui de contribuer à enlever la couronne, ils se seraient estimés fort heureux et fort fiers d'avoir ainsi conquis deux des enceintes dont se composaient les dehors, d'avoir coupé la retraite aux Espagnols enfermés dans la couronne, et, maîtres du terrain, ils se seraient logés dans le pâté et reposés au sein même de leur victoire; mais l'obstacle du pont levé avait été prévu, et, à nos yeux, ils avaient d'autres instructions pour le cas qui se présentait. Aussi Moissac, qui les guidait, chercha et trouva dans le couloir obscur (1) du pâté une porte à sa droite (2), laquelle porte avait été *désarmée de ses trois fortes barres de fer*. Ils la brisèrent sans peine. Derrière elle, ils prirent un escalier en pierre (3) qui, ayant toujours été couvert de terre, de pierres et de ronces, se trouva déblayé par une main inconnue. Par là, ils arrivèrent à l'arche en maçonnerie dont nous avons parlé et qui joignait le pâté au rempart de la ville. Ici, de deux choses l'une : ou cette voûte menait à une porte aujourd'hui disparue, mais alors ouverte, dans l'épaisseur du rempart, et conduisant à la chambre du gril; ou bien ils passèrent sur l'épaisseur du mur percé de meurtrières qui s'élève sur la voûte et touche au rempart (4). La première hypothèse s'accorde mieux avec le récit de

---

(1) Le pâté est éclairé par le haut, à l'aide d'une large ouverture circulaire. On l'avait bouchée dans la crainte des bombes.

(2) La porte, qu'on voit encore, est dans la paroi gauche du pâté, vu de la ville, mais elle était à la droite des mousquetaires venant des dehors. Pélisson commet ici une légère erreur quand il place cette porte à la gauche des mousquetaires.

(3) Pélisson, I. 229, et de la Moskowa.

(4) Le haut de la muraille a été entièrement refait depuis cette époque et on pourrait croire qu'elle a été autrefois plus basse qu'elle ne l'est aujourd'hui.

de Hennin et un certificat du temps, délivré par le bailliage de Tournai et rapporté textuellement par Dinaux. Quoi qu'il en soit, c'est ainsi qu'ils atteignirent le rempart et que du rempart ils descendirent dans la ville, s'emparèrent du corps de garde vide ou peu s'en faut, ouvrirent les battants qu'avaient fermés les Wainpain et Mesnar et abaissèrent le pont-levis (1).

Pendant qu'ils exécutaient ce hardi coup de main, les colonnes françaises qui avaient envahi la couronne, soit de front, soit des deux côtés, soit même à la suite des mousquetaires, accomplissaient aussi leur tâche. Elles enveloppaient dans l'ouvrage la garnison espagnole, et comme le pont qui menait de la couronne à la contregarde avait été levé au moment même où les mousquetaires s'élançaient vers le pâté (2), elle ne put échapper et n'eut point la force de se défendre ; si bien que les deux régiments furent ou pris, ou massacrés, ou jetés dans l'Escaut.

Voilà comment fut forcée l'enceinte extérieure ; il nous reste à suivre l'assaillant dans l'intérieur de la ville.

Les mousquetaires et les grenadiers à cheval ne se virent pas plutôt en nombre, qu'ils s'aventurèrent sans hésiter dans l'Entre-deux-ponts (3), aussi bien que dans la rue d'Anzin, dont les maisons avaient été abandonnées. Tout était désert ; la *prévoyance* espagnole avait eu soin de n'y pas mettre la moindre réserve. Ils s'avancèrent donc jusqu'au marché au filet (4),

---

(1) Tout ce que nous disons ici des mousquetaires doit s'étendre aux grenadiers qui les accompagnaient. Il paraît même que ce furent des grenadiers qui baissèrent le pont-levis. — (Pélisson, lettre 259).

(2) De la Moskowa et Pélisson, lettre 228.

(3) Voir à l'appendice.

(4) Aujourd'hui *la place du Neufbourg*.

jusqu'à la rue des Anges, et il ne leur restait plus qu'à la franchir dans sa courte étendue pour arriver au cœur de la place.

Mais, d'une part, quelques fuyards espagnols qui avaient réussi à passer les ponts; de l'autre, les trois canonniers déjà mentionnés avaient eu le temps de donner l'alarme. Aux cris des uns, à la voix des autres, les bourgeois qui venaient de rentrer d'une garde perfidement absurde qu'on leur faisait monter, chaque nuit, sur la partie orientale de nos remparts, reprenaient leurs armes, sortaient de leurs maisons et, n'écoutant que leur patriotisme, s'élançaient, sans ordre, sans chefs, et probablement sans munitions, au devant des vainqueurs. Ils les rencontrèrent à l'entrée de la rue des Anges; c'est là qu'eut lieu un choc qui dut être terrible, mais qui ne fut meurtrier que pour les nôtres.....

On sait combien la guerre des rues est sanglante, surtout pour les combattants qui n'occupent que le pavé et subissent le feu plongeant des fenêtres qui les dominent. C'est l'inverse qui arriva ici.... En un moment, plus de 200 bourgeois furent couchés à terre, tandis que quelques mousquetaires seulement (1) succombaient, en

---

(1) Nous ne savons pas au juste ce qu'il périt de bourgeois dans toute la bataille de la rue d'Anzin, mais nous pouvons donner, puisé aux meilleures sources, le chiffre collectif des pertes subies par les Français, tant à l'attaque des dehors et du pâté, qu'au combat livré dans l'intérieur de la ville.

Pélisson compte 5 mousquetaires blancs et 2 noirs tués, plus 17 grenadiers tués ou fort blessés. Il porte en outre à 300 le chiffre total des blessés, en *y comprenant ceux des jours précédents.*

Une lettre écrite de Valenciennes, le 17 mars 1677, c'est-à-dire le soir même de la prise de la ville, par le comte de Louvigny au maréchal de Grammont son père, ne parle que de 40 hommes tués ou blessés, tant mousquetaires que soldats, outre deux officiers.

De la Neuville, dans son *Histoire de la Hollande*, répète le même chiffre de 40 hommes.

M. de la Moskowa donne 3 mousquetaires, 6 grenadiers à cheval et environ 40 soldats.

reculant pied à pied et dans des circonstances où pas un seul d'entre eux n'eût échappé, si les bourgeois avaient eu, pour repousser l'attaque, autre chose que la crosse et le canon muet de leurs fusils (1)....

Cette disproportion dans le chiffre des pertes subies de part et d'autre ne peut recevoir une autre explication et elle honore la valeur valenciennoise, car à force d'héroïsme, bravant le trépas qu'elle ne pouvait donner, semant le terrain de ses blessés et de ses morts, elle parvint à arrêter cette intrépide phalange d'officiers et de mousquetaires, puis à la refouler du marché au filet à la rue d'Anzin et de la rue d'Anzin à l'Entre-deux-ponts, où, profitant des moulins et du cours de l'Escaut, les Français se barricadèrent et arrêtèrent ainsi l'élan offensif des bourgeois.

Que se passa-t-il alors? Il est vraisemblable que les Valenciennois, contenus par l'obstacle, épuisés par leurs pertes, exposés à la fusillade des troupes qui arrivaient de plus en plus nombreuses et qui étaient maîtresses du rempart, durent, à leur tour, se couvrir des maisons voisines, et, de là, brûler ce qu'ils purent avoir de cartouches contre leurs ennemis retranchés, non seulement aux moulins, mais encore en arrière et un peu en deçà de la porte conquise (2).

Combien de temps dura cette situation respective des deux partis? Juste le temps nécessaire aux Français

---

(1) M. de la Moskowa, en décrivant la prise du pâté, dit que « ce fut une des premières circonstances où l'on employa la baïon-« nette. » Il est évident que nos bourgeois n'en avaient pas, autrement les mousquetaires, dans cette lutte corps à corps, n'auraient pas perdu si peu de monde.

(2) Il est à remarquer que les bourgeois n'élèvent aucune barricade, ni à l'entrée de la rue d'Anzin, ni à l'entrée de celle des Anges, ce qui eût arrêté les Français plusieurs jours peut-être. Cela prouve une absence complète de chefs et de direction.

pour pouvoir tenter avec succès une seconde attaque de vive force. C'est un peu avant ce moment qu'apparurent les 300 cavaliers espagnols dont parle de Hennin. Ils auraient pu, en chargeant pendant la longue bataille de la rue d'Anzin, soit en queue, soit en flanc, par la rue des Glatignies, le marché au filet ou la rue qui longe l'esplanade actuelle, faire une diversion puissante. Ils semblent n'être venus que quand les Français n'eurent plus rien à craindre de leur choc. Les charges qu'ils tentèrent, au dire de Pélisson, me font l'effet d'une comédie assez ridicule, puisqu'elles ne pouvaient être dirigées que contre l'Escaut et ses moulins (1)....

Examinons même de plus près cet incident qui en vaut la peine....

Ces charges, dit Pélisson, furent repoussées par quelques grenades qui mirent les cavaliers en fuite. Je ne prends pas au sérieux des charges qu'arrêtent quelques grenades; mais quand des cavaliers repoussés ont devant eux l'espace, et derrière eux des hommes à pied seulement, on ne les prend que s'ils veulent être pris. Cela étant, comment les retrouvons-nous prisonniers? Faut-il croire que, franchissant la barricade du pont qui les couvrait, les mousquetaires s'élancèrent à leur poursuite, les gagnèrent de vitesse, leur sautèrent en croupe, et les ramenèrent prisonniers au nombre de 300 hommes? Ce serait un prodige plus étonnant que la prise de Valenciennes par leur seule valeur, et Pélisson eût bien dû en dire un mot, mais il n'en dit rien.... Il faut donc admettre que ces 300 cavaliers, d'abord écartés par des grenades et mis en fuite, revinrent bientôt demander poliment qu'on leur fît la faveur de les prendre prison-

---

(1) Pélisson parle d'un autre corps de cavalerie qui aurait attaqué les Français sur le rempart. Je crois qu'il n'y a pas eu d'autre corps de cavalerie, ni d'autre attaque que celle dont il s'agit ici.

niers par dessus l'Escaut, la barricade, ou les moulins, et que les Français, ne voulant pas détruire leur barricade pour les introduire dans l'Entre-deux-ponts, leur enjoignirent d'aller les attendre sur la grand'place.

Cet ordre étrange lui-même, la perspicacité du lecteur l'appréciera comme il convient : à la rigueur, les Français auraient pu commander à ces cavaliers de jeter leurs armes dans le fleuve et de garder leurs chevaux sur la berge, en attendant le moment où les mousquetaires et les grenadiers les auraient montés pour une charge en avant. Mais en cet instant, où l'on venait d'être repoussé, une charge en avant n'était point encore possible, il fallait de puissants renforts qui, du reste, arrivaient. On aima donc mieux renvoyer ces transfuges par les rues qu'occupaient les bourgeois, dans l'espoir très-fondé que la vue d'une masse de prisonniers aussi considérable, leurs paroles, leur effroi, et l'audacieuse confiance du vainqueur, ébranleraient l'assurance des bourgeois, tandis qu'une attaque de vive force n'eût fait que les rendre plus ardents et plus énergiques à se défendre.

Les 300 prisonniers furent donc une sorte d'avantgarde pacifique que les Français firent marcher devant eux, pour décourager toute résistance, et ce fut en effet, à quelque distance de ces *braves* (1), qu'ils s'avancèrent eux-mêmes, lentement, en bon ordre, et avec une circonspection et des paroles amies qui permettent de bien apprécier la situation.

On a vu, dans ce qui précède, des portes ouvertes, des ponts baissés, des passages mal gardés, d'autres qui ne le sont pas, et bien d'autres choses faites à contre-sens... — Pur hasard ou négligence, dira-t-on, — je réponds :

Quand on avait devant soi une armée française, com-

---

(1) C'est le mot que de Hennin applique à leur chef.

mandée par son roi en personne et, sous lui, par des généraux, ingénieurs, hommes spéciaux, d'un mérite supérieur, on n'avait pas le droit d'être négligent. J'ajoute qu'on ne l'était pas non plus. En pareil cas, et de plus, en présence d'un aussi terrible bombardement, la conscience du danger avec lequel on est aux prises, inspire de la prudence aux plus téméraires, de la circonspection aux plus étourdis ; mais ce même danger n'a jamais pu donner du courage à la couardise, ni de l'honneur à la vénalité.

Dans des circonstances semblables, quand le siége ne traîne pas en longueur, si l'on rencontre de la négligence, c'est que la négligence est la forme ordinaire que prend la trahison. Au dire de Pélisson, les portes étaient ouvertes, parce qu'on allait faire passer de la poudre dans les dehors. « Vrai ou faux, ajoute-t-il, cela est assez vraisemblable. » — *Vrai* ou *faux* mérite d'être relevé, et j'aime à saisir ainsi la trace d'un doute au milieu même d'une affirmation. Pour moi, je pense que, fût-il *vrai* qu'on attendait de la poudre, il n'était pas indispensable que *tous* les passages fussent libres à la fois et d'avance. On pouvait ouvrir successivement chaque porte, au moment même de l'arrivée de la poudre, et faire de même pour les ponts-levis (1).

(1) A propos de ces portes ouvertes toutes ensemble et à l'avance, il est intéressant de rapporter un article du règlement que le Magistrat de Valenciennes avait donné quelques semaines auparavant aux compagnies bourgeoises :

« Art. 27. — Et pour prévenir les inconvénients qui pourroient
« arriver de ce que les portiers vont souvent à l'ouverture et fer-
« meture des portes avec fort peu d'escorte, mesdits seigneurs font
« défense à tous et chacun d'eux de partir du corps de garde de la
« place avec les clefs et de ne sortir desdites portes, à moins d'estre
« accompagnez de trois hommes bien armez pour le moins.......
« et ce, par dessus la garde des soldats aux gages de la Ville, à
« peine de soixante sols d'amende, à la charge de l'officier qui
« refusera ou différera de leur livrer ledit nombre de gens, et de

La trahison se prouve encore par maint détail du récit de de Hennin, notamment par l'abandon, sans les défendre ou les détruire, de positions extérieures redoutables ; par des menées, des attitudes, des propos, des silences équivoques ; par la surdité commandée du guetteur, par la conduite des officiers et soldats espagnols (1) ; par l'éloignement systématique des troupes bourgeoises ; par l'insuffisance de celles qu'on poste au lieu du péril ; par la vente des vivres, le soir même qui précède l'assaut, et enfin par l'absence de toute réserve derrière la porte d'Anzin, ou dans les quartiers adjacents, au moment de l'irruption des mousquetaires. Ajoutons encore la prise inexplicable des trois cents cavaliers espagnols.

M. le prince de la Moskowa, qui a connu le récit de notre bourgeois et qui a lu tout ce que va lire le lecteur, n'a pourtant rien vu de tout cela, et je suis vraiment embarrassé de ce que j'ai à dire de son ouvrage ; mais quoi, c'est la loi de tous les siéges, et dans l'intérêt de mes batteries, je suis bien obligé de démonter un peu les siennes....

Je rends hommage au talent et à la compétence avec lesquels il apprécie les plans et les combinaisons de l'état-major français ; il me semble avoir tout particulièrement étudié les opérations extérieures du siége.

Je ne prétends nullement que ces opérations savantes n'eussent abouti qu'à un échec ; je dis seulement qu'un peu d'aide dans le camp ennemi en a singulièrement pré-

---

« pareille amende à la charge de ceux qui, estant commandez pour « accompagner ou escorter lesdits portiers, seront trouvez les avoir « abandonnez. » — (*Règlement du 23 janvier 1667.* — Arch. de Val., FF. 255).

(1) J'en excepte le comte de Solre et les marquis de Leyde et de Risbourg.

paré la réussite, l'a accélérée d'une façon merveilleuse et je reproche au prince de ne l'avoir pas vu.

Du reste, il a lu de Hennin avec une extrême légèreté et il ne l'a pas partout compris. Il l'a lu surtout avec cette prévention dont un militaire ne se défend pas toujours, quand il s'agit de troupes bourgeoises ; ainsi, il n'admet pas que le patriotisme puisse faire travailler aux fortifications des bourgeois de toutes les classes, depuis la plus humble jusqu'à la plus haute, et il attribue cette ardeur à une promesse d'exemption de tailles pendant douze ans. Inutile de dire qu'à ses yeux les meilleures troupes de la place sont les troupes espagnoles (1); il les a vues pourtant se rendre sans combat et fuir en poussant de honteuses clameurs, alors que ces mêmes bourgeois, chargeant les mousquetaires au sein de leur ville envahie, semblaient au moment de reconquérir par la force ce qu'ils avaient perdu par la trahison.

S'il cite de Hennin, il le tronque et le défigure ; il y a plus, il raconte des faits d'une importance extrême, qui n'ont pas eu lieu. Ainsi, parcequ'il a remarqué, sur le flanc droit du pâté, une centaine de trous de balle, provenant sans doute d'une décharge faite par les mousquetaires, quand ils tombèrent à l'improviste sur la tête de pont du pâté, il n'hésite pas à y voir la preuve d'un combat très-vif entre les mousquetaires et les défenseurs du ravelin (2)... Il nous montre les « bourgeois

---

(1) La ville de Valenciennes avait une organisation militaire qui s'est transmise de siècle en siècle et qui avait fait de ses bourgeois non seulement des hommes fort exercés au maniement des armes, mais encore fort aguerris.

(2) Il n'y avait là, pour tous défenseurs, que le capitaine Stas, son enseigne et quatre hommes. Je ne sais s'il y en avait beaucoup dans la contregarde ; il est néanmoins probable que les deux régiments logés dans la couronne, y avaient laissé ces hommes que les mousquetaires poursuivirent dans le pâté.

« débouchant par le pâté, la mêche allumée et la balle
« en bouche, fifres et tambours en avant, pour porter
« secours aux ouvrages avancés. » — « Les Valencien-
« nois et nos soldats, dit-il, se heurtèrent au point où
« se trouve aujourd'hui la tête du pont.... Leur colonne,
« reçue en tête par les baïonnettes des mousquetaires,
« était poussée en queue par les autres bourgeois qui
« s'efforçaient d'atteindre les premiers rangs.... Cette
« masse compacte ne pouvait ni avancer, ni recu-
« ler, etc., etc. (1). »

Je ne sais où M. de la Moskowa a vu tout cela, mais il m'a été impossible d'en découvrir la moindre chose. L'a-t-il trouvé aux archives de l'État dans quelque rapport officiel du temps? Je n'y puis voir, dans ce cas, qu'un rapport écrit dans le but de faire croire au monarque à plus de résistance qu'on n'en a glorieusement vaincu et qu'il n'y en eut en effet (2). C'est la bataille de la rue d'Anzin déguisée, arrangée et déplacée, car il n'y eut pas d'autre combat que celui-là, et M. de la Moskowa a pris trop facilement l'un pour l'autre. Il dit encore que, une fois les Français entrés dans la place, leur artillerie cessa de tirer. C'est le contraire qui arriva. De Hennin rapporte qu'ils lancèrent plus que jamais boulets, bombes, grenades ou carcasses, si bien que

---

(1) Page 27 du tiré à part.

(2) L'état-major français a caché la bataille du marché au filet et de la rue d'Anzin, parce qu'elle fut un échec pour les mousquetaires. Pélisson affirme positivement qu'ils ne s'avancèrent pas au-delà du pont des Moulins. « Outre la difficulté de défiler sur ce
« pont, dit-il, Moissac et La Barre ne jugèrent pas à propos de se
« commettre avec leur petit nombre au-delà de l'eau où ils eussent
« pu être plus facilement environnez. Ils s'emparèrent des dernières
« maisons auprès du pont et ils y logèrent leurs mousquetaires aux
« fenêtres et en perçant les murailles. » (L. 28).
C'est en effet ce qui se fit, mais seulement après la bataille et quand les mousquetaires repoussés barricadèrent le pont pour arrêter les bourgeois. Voir plus loin, de Hennin, journée du 17.

deux incendies terribles s'allumèrent, l'un dans la rue Saint-Jacques, l'autre dans la rue d'Anzin. Ce redoublement du feu était fort logique, puisque, dans ces quartiers, s'organisait une résistance contre laquelle les Français se retranchaient non seulement aux moulins, mais encore en arrière et un peu en deçà de la porte, ce qui annonçait quelques appréhensions.

Ailleurs, la ressemblance de certains mots l'égare : il confond le pont du Moulin avec celui des Moulineaux ; il mêle enfin des paroles qui auraient été échangées, dans une même entrevue, entre Luxembourg et Louvois d'une part, et de l'autre les échevins Tasse, Tordreau, Leduc et Wery, tandis qu'en réalité il y a eu deux colloques fort distincts, l'un dans la ville, entre Luxembourg et M. Tasse ; l'autre à Saint-Vaast, entre le même M. Tasse et Louvois.

Dinaux ne m'étonne pas moins que M. de la Moskowa, chez lequel il ne voit pas plus d'inexactitudes, qu'il ne trouve d'indices de trahison dans le mémoire de de Hennin. Tout à ses yeux s'est passé pour la plus grande gloire du plus grand roi du monde, comme on disait alors.... Est-ce qu'il aurait craint, en disant ce que je viens de dire, de paraître meilleur Valenciennois que bon Français ? Je n'ai pas semblable scrupule : nulle considération, aux yeux de l'Histoire, ne doit prévaloir contre la vérité. Valenciennes a d'ailleurs assez noblement payé sa dette à notre glorieuse France, pour que le patriotisme de ses fils ait le droit de se croire au-dessus de tout soupçon. Il y a ici, du reste, une singularité historique à mettre en lumière : la flatterie a pris toutes les formes autour du trône de Louis XIV, et elle a trouvé, sous nos murs, un nouveau moyen de faire sa cour. Pour donner à l'orgueilleux monarque, une fois de plus et dans une circonstance capitale, le doux enivrement de la victoire, elle s'est clandestinement assuré la certitude de l'obtenir et elle lui a fait ensuite hommage du succès, comme s'il était dû tout entier à sa présence, à son génie, à son bonheur (1). On n'a que trop fait croire à Louis XIV qu'il était au-dessus de la condition humaine et qu'il avait *enchaîné la Fortune à son char*. Je reconnais que les plans, les combinaisons, les mesures stratégiques étaient dignes des grands noms de Louvois et de Vauban ; que la valeur des troupes fut, autant que jamais, admirable, mais quand se liront désormais ces vers bons pour un pourfendeur :

« Un bruit court que le Roi va tout réduire en poudre
« Et dans Valenciennes est entré comme un foudre, »

j'espère qu'on reconnaîtra que le bruit n'était qu'un faux bruit et que la ville a été prise par des procédés qui rappellent Philippe bien plutôt qu'Alexandre. Le foudre, si foudre il y a eu, n'a enfoncé que des portes ouvertes. C'est ce que va prouver le récit de de Hennin.

---

(1) L'ignorance dans laquelle est laissé le monarque, quant aux moyens qui doivent lui ouvrir nos portes, témoigne du moins de la dignité de son caractère : commandant l'armée en personne, eût-il dédaigné une conquête achetée à ce prix ?.... Peut-être, et cela semble ressortir de la conduite de Vauban en cette circonstance.

RELATION
DU SIÉGE & DE LA PRISE DE VALENCIENNES

PAR L'ARMÉE VICTORIEUSE

DE LOUIS XIV, ROY DE FRANCE ET DE NAVARRE

LE 17 MARS 1677

DILIGEMMENT RECUEILLIE PAR HENRY DE HENNIN, VALENCIENNOIS, PRÉSENT AU MÊME SIÉGE [1].

Le premier jour de mars, l'an 1677, les François investirent Valenciennes dès l'avant-midi, sous le commandement de Monsieur le duc de Luxembourg qui prit son logement au village d'Aunoy. Monsieur le marquis de Risbourg, commandant de la place, ne sachant se persuader qu'ils assiégeroient une ville si forte et si fidèle à son Roy, en une saison rigoureuse, sans y avoir de l'intelligence, ordonna promptement de transférer la poudre des arsenaux [2] en d'autres endroits assurés, particulièrement aux maisons religieuses [3].

---

[1] Copie qui a appartenu à M. Direz-Pierrez et qui a été donnée aux archives de Valenciennes par M. Deffaux.

[2] Les soupçons du marquis paraissent désigner les officiers qui commandaient sous lui et qui, par conséquent, composaient l'état-major de la place.

[3] Les maisons religieuses étaient très-attachées à l'Espagne, et. depuis le triomphe de l'Inquisition et la défaite des Gueux, elles avaient, dans le pays, autant d'influence que de pouvoir. Elles se montrent, dans toutes ces guerres, fort hostiles aux Français et ceux ci le savaient bien. On remarquera plus loin le cri de *pas de*

Le deuxième au matin, on commença de tirer le canon contre les assiégeants, n'ayant point été tiré le jour précédent. Environ les dix heures de nuit, on alluma du feu au sommet du beffroy, jusque à minuit, pour signifier le siége aux Espagnols.

Le troisième, qui étoit le jour des Cendres, ensuite de la résolution de l'assemblée des doyens de Cambrai et d'Arras (1), des autres curés et des supérieurs des ordres, tenue à l'abbaye de Saint-Jean, on permit de

moine! « Les jésuites, » dit M. Rouyer en parlant du siége d'Aire en 1641 (*Preuves numismatiques des siéges d'Aire*), « avaient « joué un rôle plus important peut-être que ne le fut celui même « des chefs militaires. Deux de ces pères, Courouble et Baude, ne « quittaient les églises que pour courir aux remparts ; ils étaient, « jour et nuit, au milieu des soldats espagnols, les exhortant à « bien combattre ; leur inspirant les pratiques de dévotion les plus « minutieuses, et leur distribuant des amulettes bénits (*sacra « amuleta*), pour les prémunir contre les dangers. Nous rapporte- « rons à ces pratiques l'origine d'une amulette-médaille, dont nous « possédons le seul exemplaire connu jusqu'ici, trouvé du côté de « la porte d'Arras, dans un terrain contigu aux fortifications d'Aire. « Il est en cuivre jaune, de forme ovale et garni d'une oreille de « suspension. D'un côté sont représentés saint Ignace et saint « François-Xavier; on lit à l'exergue le mot ARIA. De l'autre côté « se trouve l'image de saint Isidore, entre les bustes de sainte « Catherine et de saint Philippe. » (Page 7).
J'ai vu entre les mains de M. De Lassus, naguère vicaire de Saint-Géry, une médaille analogue, en cuivre, de même forme et de même grandeur. On la trouva dans la rue des Anges, en creusant une tranchée destinée au gaz. Quelques images fort effacées y paraissent, mais on distingue très-bien un crucifix et surtout Notre-Dame du Saint-Cordon. Nous allons voir que le quatrième jour du siége, on fit dans l'intérieur de la ville la procession dite *du Saint-Cordon*, et qu'on porta sur les remparts le fil miraculeux qui, l'an 1008, délivra Valenciennes de la peste. Nous croyons que cette médaille, peu connue jusqu'ici, fut faite et distribuée à cette occasion ; elle était portée sans doute par un des nombreux bourgeois qui succombèrent en repoussant les Français, comme on le verra plus loin.

(1) La partie de la ville qui se trouve à gauche de l'Escaut appartenait au diocèse d'Arras.

manger des œufs tous les jours, mais de la chair le dimanche entier, et le mardi et le jeudi au dîner seulement, avec obligation de s'abstenir de la seconde réfection. Un peu devant minuit, par ordre du conseil de guerre établi par Son Excellence Monsieur le duc de Villa Hermosa, gouverneur du Pays-Bas espagnol, et composé des principaux de la milice (1) et de la bourgeoisie, l'on mit le feu à quelques maisons du fauxbourg Cardon (2).

Le quatrième, devant midi, l'on fit une procession générale, qui sortit de Notre-Dame-la-Grande et y rentra, ayant passé par la rue Capron et les Viviers tant seulement; laquelle achevée, on porta sur les remparts tout à l'entour de la ville le filet dont la bienheureuse Vierge la ceignit autrefois, l'image miraculeuse de Notre-Dame de Grâce qui repose à l'église Saint-Jacques, et le doigt de saint Jean-Baptiste. Les François, qui envisageoient cette dévotion de leur camp, disoient : Hélas! pauvres gens! ils ont beau implorer le secours du Ciel, car ils n'en ont point à attendre du côté des hommes. L'ennemi fut aperçu lever terre (3) en

---

(1) Par milice, il faut entendre partout les troupes espagnoles.

(2) Précaution assez inutile ; c'est du côté du faubourg Notre-Dame qu'il fallait brûler des maisons, en abattant surtout celles où fut cachée plus tard la batterie de revers et d'autres où les Français purent s'installer.

(3) De Hennin ne fait que répéter ce qu'il a entendu dire sans le voir, et les rapports de ceux qui observaient les assiégeants paraissent avoir, sur ce point, voulu déguiser la vérité. *Lever terre* est trop modeste, c'étaient des monts énormes qu'on avait dû retirer du sol et qu'on devait voir des remparts et du beffroi. Naguère encore, on pouvait s'en faire une idée en parcourant le glacis qui s'étend derrière la citadelle ; on y trouvait de longs sillons causés par l'affaissement de galeries souterraines qui furent creusées à cette époque pour faire arriver vers la contrescarpe les

plusieurs lieux, spécialement au voisinage de la porte d'Anzin (de Douai), il ne fit cependant pas de circonvallations à la gauche de l'Escaut (1), mais seulement à la droite. Le Magistrat assigna à chaque soldat à la solde du Roy une livre de chair cuite et un lot de bierre par jour; et à chaque soldat au gage de la Ville, vulgairement appelé Bigorgnu, *un pain pour deux jours, outre leur scalin journalier. Mais ce règlement varia aucunes fois par après, tant pour la cherté des vivres, que pour la lenteur du siége (2). Le Roy de France arriva au camp, et choisit son quartier au pied du mont Houy, vers la ville. Toute cette journée fut sereine, quoique les précédentes eussent été pluvieuses, jusqu'à la nuit que la pluie recommença mais cessa incontinent.*

Le cinquième, à raison du petit nombre de l'infanterie de la garnison, l'on distribua des mousquets et des piques à la cavalerie.

Le sixième, de l'aveu de l'assemblée des ecclésias-

colonnes d'attaque. Ces galeries, que j'ai visitées sur différents points, quand un éboulement inopiné en révélait la présence, convergent toutes vers l'ouvrage couronné dont il sera question plus loin ; elles étaient assez hautes et assez larges pour qu'un ou deux hommes pussent y passer de front. Aujourd'hui les derniers travaux effectués autour de la citadelle ont fait combler ces traces de sapes deux fois séculaires, mais il y a trois ans à peine, elles étaient visibles encore à tous les yeux. Ce qui donnera une idée de la difficulté qu'y rencontrèrent les assiégeants et des énergiques efforts qu'ils durent faire, c'est que plusieurs de ces boyaux furent creusés pendant la pluie.

(1) Ici et ailleurs, pour de Hennin, la gauche de l'Escaut c'est la rive qu'il a à sa gauche en remontant le fleuve.

(2) On ne s'explique pas l'expression *lenteur du siége ;* il est probable que de Hennin parle ici rétrospectivement des mesures prises depuis l'investissement de la place, c'est-à-dire depuis la Toussaint de l'an 1676.

tiques, congrégés encore à l'abbaye de Saint-Jean, on permit l'usage de la viande, sans nulle obligation de jeûne, tous les jours, excepté le vendredi et le samedi. On chanta une messe solennelle à Notre-Dame-la-Grande. Il plut furieusement toute la nuit, parmi la grande obscurité de laquelle un courrier françois, croyant d'arriver au quartier de la cour, aborda la contrescarpe de la corne, qui couvre la porte Cambrisienne, laquelle étoit gardée par le régiment italien de Don Hiéronymo Silva, dont quelques généreux et rusés Italiens, sortant promptement, le saisirent avec un gros paquet de lettres et l'amenèrent dans la ville, laquelle en fut fort réjouie.

Le septième, Monsieur Camagnol (ou Caquignol), Bourguignon de nation et lieutenant de Monsieur Vela, capitaine d'infanterie dans le régiment de Monsieur le marquis de Leyde, arriva en habit de paysan.

Le huitième, à deux heures du matin, Monsieur le comte de Solre, colonel d'un régiment d'infanterie, accompagné d'un enseigne et de deux guides, retourna (1) aussi heureusement que glorieusement, ayant franchi les prairies inondées, nonobstant l'extrême froidure de la nuit. Il vint apporter quand et quand la nouvelle de l'investiture de Saint-Omer par les Boulonois, laquelle ne fut pas capable d'ébranler la constance de la bourgeoisie. Les habitants de la ville, de toute sorte de condition, travailloient incessamment aux fortifications, ainsi qu'ils avoient fait dès le commencement du siége (2). Vers le soir, Monsieur Lefranc, capitaine au régiment de Monsieur de Leyde, arriva à la faveur d'une légère

(1) Revint.

(2) Cette ardeur de la bourgeoisie forme avec l'inertie de la garnison espagnole un remarquable contraste.

escarmouche; et l'écuyer du fils de Monsieur le maréchal de Humières fut fait prisonnier, errant sur les campagnes aux environs du chemin d'Aubry.

Le neuvième, à l'occasion de quelque soupçon de trahison, Monsieur le commandant, Monsieur Agnati (1), intendant, et Messieurs du Magistrat s'assemblèrent dès la minuit à l'Hôtel-de-Ville, et furent occupés toute la journée, partie à examiner les suspects (2), principalement un Bourguignon, fugitif de la France (transfuge ou déserteur), mais la plus grande partie fut trouvée innocente et mise en liberté ce même jour ou le suivant. Vers les neuf heures du soir, l'ennemi commença ses approches, depuis la Croix d'Anzin, sur la chaussée de Saint-Amand, jusqu'à l'église Saint-Vaast-en-Haut, joignant le chemin de Douai; de laquelle église, avec la tourelle (leur démolition ayant été inconsidérément négligée) (3), il s'empara d'abord et s'en servit comme d'une bonne forteresse, pour défendre ses travaux et incommoder les assiégés. Dès lors la jeunesse (4), dont

---

(1) C'est le même intendant qui, dans la journée du 16 et quelques heures avant l'attaque, vendra ce qui lui reste de vivres : ne soyons pas surpris de la part qu'il prend à l'élargissement des prévenus.

(2) J'ai visité avec soin les registres criminels du temps et n'ai pas trouvé la moindre trace de ces procédures.

(3) Voici le premier indice des intelligences que les Français avaient dans l'état-major de la place : l'assiégeant manifestant l'intention d'attaquer la partie occidentale de la ville, il devait venir à l'esprit de tout le monde que cette église et autres points stratégiques, abandonnés sans défense, deviendraient entre ses mains de véritables forteresses. Il n'est pas inutile de faire remarquer que ces points livrés à l'attaque étaient voisins de l'endroit par lequel les mousquetaires devaient entrer dans la ville.

(4) C'était une compagnie de volontaires composée de célibataires et des jeunes gens de la ville qui ne faisaient pas encore partie de la garde bourgeoise.

une bonne partie, depuis le commencement du siége, entroit en garde tous les soirs aux dehors de la porte d'Anzin, commença de se mêler et de faire feu contre les approchants avec les soldats qui gardoient le chemin couvert.

Le dixième, environ les trois heures du matin, il arriva un porte-lettres. La lettre qu'il avoit apportée étoit écrite à Bruxelles, le 3 mars 1677, par Son Excellence à Monsieur le marquis de Risbourg. Elle contenoit un ordre d'exhorter la milice (1) et la bourgeoisie à se défendre généreusement, et la promesse d'un prompt et puissant secours. Sur les dix heures du matin, le chevalier de Taxis vint aussi avec trois autres notables. Un trompette de Monsieur le marquis de Louvoy étant venu pour parler à Monsieur le commandant, il ne voulut pas l'écouter (2). Comme cette

---

(1) De Hennin distingue la milice des troupes bourgeoises ; il désignait donc par ce mot les troupes espagnoles. Cela est important à préciser, car on a vu précédemment que le conseil de guerre était composé des principaux de *la milice* et de la bourgeoisie, et on verra bientôt que c'est à lui que le gouverneur blessé résigne ses pouvoirs.

(2) Ce refus d'écouter le trompette de Louvois, parceque *cette sorte de jeu se présentoit trop souvent aux portes* et la pendaison du Bourguignon, le soir même, sont des faits très-significatifs. M. de la Moskowa dit à ce propos : « Il s'agissait d'une réclama-« tion qui semblerait singulière aujourd'hui, mais qui, à ce qu'il « paraît, était dans les usages militaires de ce temps-là. Un cour-« rier, porteur de dépêches, était attendu au camp du Roi, on « craignait qu'il n'eût été enlevé par l'ennemi, et Louvois écrivait « en même temps au gouverneur de Valenciennes et à don Pedro « Zavala, commandant à Mons, pour avoir des nouvelles de son « courrier et prier qu'on le lui renvoyât. » Cette explication a pu être donnée dans le camp français, mais elle ne soutient pas l'examen. M. de la Moskowa n'a donc pas lu dans Pélisson (L. 225) que, le 9 mars, on avait pris sur un officier espagnol, qui chercha à se faire passer pour transfuge, une lettre du marquis de Risbourg, lettre en chiffres, qui n'en fut pas moins lue sans scrupule ? Et après l'avoir ainsi interceptée, de quel front Lou-

sorte de jeu là se présentoit trop souvent aux portes, vers le soir, on pendit le Bourguignon au marché à filet. A l'entrée de la nuit, Monsieur le marquis de Risbourg, ordonnant dans la couronne qui ceint la porte d'Anzin, fut dangereusement blessé d'une balle de mousquet qui lui transperça le col à côté de la veine jugulaire et entra dans l'épaule gauche jusqu'à l'omoplate. Incontinent il fit avertir le conseil de guerre qu'il se déportoit du commandement (1).

Le onzième, le régiment italien de Don Hiéronymo Silva (qui étoit prisonnier à Soissons depuis la prise de Condé, où il avoit été enfermé l'année précédente), sous le commandement de Monsieur Bourlasco, sergent-major, se logea dans le côté droit ou septentrional, et Monsieur le comte de Solre, avec son régiment wallon, dans le gauche ou méridional de la même couronne, vers

vois eût-il osé, le lendemain, envoyer réclamer les siennes ou celles du Roi ? J'admets de pareilles conventions entre les généraux ennemis pour leurs bagages personnels, ou leurs provisions de bouche, mais il n'en était pas de même pour les dépêches; elles étaient de bonne prise, et l'on se réjouit fort à Valenciennes d'avoir, le 6 mars, mis la main sur un courrier français, égaré aux avant-postes de la porte de Cambrai. Si la raison que donne M. de la Moskowa était bonne, ce courrier eût été relâché, et, de leur côté, les habitants n'eussent pas dû, le 15, faire une sortie vers Marly pour faire passer quelques porte-lettres. Le trompette de M. de Louvois, sous prétexte de parler au gouverneur, venait en effet ou donner ou recevoir quelque avis secret ; et le Bourguignon qu'on pendit le soir même, était son intermédiaire ; autrement, pourquoi l'eût-on pendu ?....

(1) Nous ne nions pas la blessure du marquis, mais était-elle bien aussi grave que le bruit en a couru ? tant de gens se sont bien trouvés, de faire passer une égratignure pour une plaie affreuse, que nous ne savons qu'en penser. Nous inclinons à croire que, peu sûr de tous les siens, puisqu'il avait dû mettre les poudres en sûreté ailleurs que dans les arsenaux, il ne fut pas fâché, en renonçant au commandement, de dégager toute sa responsabilité dans l'événement prochain qu'il prévoyait. Nous le retrouverons plus loin et sa conduite alors justifiera ce soupçon.

laquelle les François dirigeoient leurs approches. A la brune, par commandement du conseil de guerre, l'on brûla successivement les maisons du fauxbourg Cambrisien (1), commençant par la plus éloignée.

Le douzième, la garnison de la ville abandonna de nuit la petite forteresse du Noir-Mouton (2), située sur la rive droite de la riviérette, au fauxbourg Tournisien, de laquelle l'ennemi s'empara aussitôt. De là, il ouvrit une nouvelle approche avec des gabions, tout droit vers la porte Tournisienne ; laquelle toutefois, après quelques jours de travail, il interrompit, et ne

---

(1) Le pauvre faubourg de Cambrai, plus maltraité encore que son voisin de la porte Cardon, ne pouvait nous faire aucun mal : l'ennemi n'y songeait pas et il laissait suffisamment voir par où il voulait entrer dans la ville. C'est le faubourg Notre-Dame qu'il fallait démolir et raser et non celui de Cambrai, séparé des approches par l'Escaut et toute l'inondation.

(2) Pourquoi cet abandon ? La forteresse n'était ni détruite, ni même endommagée, puisque les assiégeants s'y installent aussitôt pour serrer de plus près la place et y lancer un peu plus de bombes et de boulets. Les incendies qui désolèrent la paroisse Saint-Jacques sont venus de ce côté. Il est curieux, en vérité, de voir détruire tout ce qui se trouve à l'orient de la ville que personne ne menace, et, par contre, délaisser en bon état de défense tout ce qui, à l'occident, peut servir aux Français. D'autres, plus compétents, diront les conséquences militaires d'un pareil abandon ; il en est pourtant que toute personne, connaissant les lieux, peut apprécier comme un homme du métier. Quiconque, supprimant par la pensée les ouvrages extérieurs dont on a depuis couvert le couronné et l'écluse Gros-Jean, étudiera dans Dinaux le plan d'attaque, reconnaîtra qu'en abandonnant le Noir-Mouton, on a permis aux assiégeants d'établir — outre plusieurs autres — deux batteries qui canonnèrent, l'une l'écluse, l'autre la porte d'Anzin, du moins à sa partie supérieure *(voir au plan publié par Dinaux les lettres E et G)*; c'est cette seconde batterie qui fit tomber les décombres dont on parlera plus loin. *(Voir journée du 16).* Il en résulta encore que les approches s'étendirent vers le pâté plus librement et sans que le canon les bouleversât, et qu'enfin, les mousquetaires noirs, quand ils en sortirent pour surprendre le pâté, n'eurent rien à craindre du feu qui eût pu les foudroyer par derrière.

poussa pas outre du milieu de l'espace qui est entre le Mouton-Noir et le pont du rivage de Cambray. Entre cinq et cinq et demie heures du matin, il salua la ville de son canon qu'il tira horriblement jusqu'à la brune. Vers les huit heures du soir, par arrêt du conseil de guerre (1), Monsieur Jean Wargniez Stas, capitaine au nouveau régiment d'infanterie wallonne de M. Despret, avec sa compagnie de 22 soldats, prit possession du corps de garde joignant la bacule de la porte d'Anzin, en la place des bourgeois. Cette nuit, ainsi que les suivantes, la jeunesse n'entra plus en garde aux fortifications d'Anzin, mais elle alla veiller, avec une partie de la bourgeoisie et de la garnison, aux dehors qui s'étendent depuis la porte de Mons, par celle de Cardon, jusqu'à la porte de Cambray. Environ les dix heures de nuit, l'ennemi s'étant apperçu, soit à la clarté de la lune plus que demi-pleine, soit au bruit des ouvriers, que l'on travailloit sur la partie de la muraille (2) com-

---

(1) Examinons ces premières dispositions du conseil de guerre, devenu maître souverain dans la place.

Et tout d'abord, j'en appelle aux personnes de bonne foi ; est-ce qu'une compagnie de 22 soldats est suffisante pour garder un poste aussi important que le pâté, qui, avec son guichet et ses deux ponts, était la clef même de la ville ?... Non certes, et l'on verra plus loin combien ce nombre se trouva encore systématiquement réduit. On s'explique aussi très-bien pourquoi est retirée aux bourgeois la garde de ces lieux par lesquels allaient passer les mousquetaires. Les bourgeois, dans leur zèle patriotique, n'eussent point laissé passivement les choses suivre aussi paisiblement leur cours. Le lecteur remarquera que, de ce moment, ni la bourgeoisie, ni cette brave jeunesse qui faisait si volontiers le coup de feu, les nuits précédentes, n'apparaissent plus : elles sont soigneusement tenues à l'écart et on les envoie garder la seule partie de nos remparts où il ne se tira ni un coup de canon, ni même un coup de fusil. Il n'y avait en effet, de ce côté, pour compléter l'investissement de Valenciennes, que le comte de Montal qui, à cheval sur la route de Mons, contournait la ville en passant par Marly et en rejoignant, au mont Houy, les quartiers du Roi.

(2) Ne perdons pas de vue que c'étaient des bourgeois qui travaillaient aux fortifications.

prise entre la porte de Douai et celle de Tournai, recommença de tirer le canon jusques à minuit.

Le treizième, il continua de battre épouvantablement la ville. Depuis les huit heures du soir jusqu'à la minuit, il jeta plus de 500 bombes, qui firent un dommage incroyable, comme celles des jours suivants. Tous les mortiers ayant joué, il tiroit incessamment trois coups de canon, à guise de refrain convenable à une si horrible et si pitoyable ballade (1). Il occupa aussi, devant la minuit, la petite redoute ou tourelle des Grands Moulins (2) du fauxbourg Notre-Dame. Toute cette nuit et le jour suivant, ce fut un fort triste spectacle de voir les bourgeois effrayés transporter leurs familles et leurs meubles de la partie occidentale de la ville, qui étoit exposée à la chûte et à la violence des bombes, à raison du voisinage des approches, en l'orientale qui en étoit exempte à cause de son éloignement (3).

(1) Il est difficile de croire que, dans une circonstance aussi grave, l'artillerie française se soit amusée à compter les coups de canon pour leur donner un air de refrain : *ce refrain de ballade* m'a tout l'air d'un signal convenu ; les *trois* coups de canon font penser aux *trois* jours pleins qui devaient s'écouler jusqu'à l'assaut.

(2) Encore des points importants abandonnés ! Nous nous sommes étonné déjà qu'en détruisant les autres faubourgs on laissât subsister celui de Notre-Dame. On me dira que l'inondation empêchait les Français de s'en emparer : mais pour maintenir l'inondation il fallait occuper solidement la redoute des moulins et ne pas la laisser à l'ennemi comme on fait ici. Six gardes françaises suffirent pour conquérir cette position si importante et si peu défendue. (*Voir Pélisson, lettre 227*). Les Français, en s'y installant, devinrent maîtres de l'inondation et du faubourg, et ils purent y faire passer non seulement des troupes, mais encore des canons pour battre à revers l'ouvrage couronné et préparer l'endroit par lequel les mousquetaires blancs devaient pénétrer dans la contregarde.

(3) Le lecteur ne l'a pas oublié, c'est précisément là qu'on envoyait veiller, chaque nuit, la jeunesse et les compagnies bourgeoises !

Le quatorzième au matin, on envoya un exprès vers Monsieur le duc d'Arembert, grand bailli du Hainaut et gouverneur de Valenciennes, résidant à Mons, pour l'informer de l'état de la place et de la façon dont elle étoit traitée par les assiégeants, lesquels la canonèrent sans relache, principalement l'après-dînée. Tous le tems entre le midi et la minuit, il plut quelques 500 tant bombes que grenades, lesquelles ils appellent carcasses, et qui tombèrent toujours en beaucoup moindre nombre que les bombes. Cette nuit-cy et les deux consécutives, par ordonnance du conseil de guerre (1), six compagnies de bourgeois et celle de la jeunesse furent envoyées garder les dehors, entre les portes Montoise et Cambrisienne, avec un peu de soldats, mais les deux restantes de bourgeois entrèrent en garde au grand marché, l'une au corps de garde et l'autre à la chambre à sceaux, en la place des Serments, qui se retirèrent dessous le beffroy.

Le quinzième au matin, Monsieur Biumi, capitaine dans le régiment de Monsieur Silva, fut blessé à la tête d'un coup de mousquet, dont il expira quelques

---

(1) Encore le conseil de guerre ! Plus le danger augmente à la porte d'Anzin, plus il envoie de troupes vers les points opposés. Cette fois c'est six compagnies sur huit, plus celle de la jeunesse, qui vont de nouveau défendre, — contre la solitude je pense, — la seule partie de nos remparts qui ne puisse pas être attaquée. Il est vrai que le Magistrat paraît vouloir que deux compagnies stationnent sur la place et que les Serments prennent position autour du beffroi. Mais qu'y pourront-ils faire, du moment où l'enceinte sera forcée à la porte d'Anzin ? C'est derrière l'endroit menacé qu'il eût fallu faire camper les Serments (compagnies d'arbalétriers, archers, arquebusiers, canonniers et gladiateurs) ; c'est dans les rues adjacentes, aux places et carrefours voisins du marché au filet que quelques compagnies bourgeoises eussent dû attendre un assaut imminent pour tout le monde ; c'est là encore qu'il fallait mettre en permanence de forts piquets de cavalerie.... Le lecteur verra au contraire que, dans la soirée du 15, on jugea plus commode de les supprimer.

heures après, et Monsieur Delesaulx, enseigne dans le régiment de Monsieur le comte de Solre, fut tué, tous deux à la couronne. Après midi, Monsieur Schoot, capitaine dans le régiment allemand de Monsieur le baron de Mernich, y reçut aussi une blessure à la tête, qui lui causa la mort peu de jours après. Sur les cinq heures du soir, quelques 80 cavaliers (1), commandés par M. Santo, capitaine au régiment de Monsieur le baron de Lumbres, firent une sortie jusqu'au camp des ennemis, par Marly, où ils laissèrent quelques fantassins pour les défendre dans leur retraite. Ils y tuèrent ou blessèrent (selon leur vantise) une vingtaine de François, et en prirent effectivement un prisonnier, mais ils eurent trois des leurs faits prisonniers et quatre blessés. La fin principale de cette sortie fut de faire passer quelques porte-lettres, pendant l'alarme et la mêlée. Le canon ennemi retentit un peu moins furieusement pendant la journée, mais encore environ 500, tant bombes que grenades, éclatèrent pendant la nuit, à laquelle on désista de mettre en garde, pendant la nuit, de la cavalerie au grand marché et aux autres grandes places publiques, comme l'on avoit fait plusieurs nuits précédentes.

Le seizième, le tems qui avoit été serein et favorable aux deux parties depuis le sixième, devint un peu pluvieux. L'ennemi ayant achevé une batterie, quelque peu au deçà de la fontaine Notre-Dame, sur la rive gauche de l'Escaut, commença d'en battre rudement l'écluse de la porte d'Anzin (2). Un peu après midi, un canonier

(1) Puisque quatre-vingts cavaliers suffisent de ce côté pour une sortie, on n'avait pas besoin d'y masser chaque nuit tant de troupes bourgeoises sur les remparts. Cf. la note de la page 36. Ni les bombes ni les carcasses ne pouvaient aller jusque-là.

(2) Les Français étant maîtres de Condé, il n'y avait d'inondation possible qu'en amont; il fallait donc, à tout prix, protéger nos écluses : on l'a vu cependant dans tout ce qui précède, les posi-

de la ville, nommé Arnoud de Flinc, et deux aides, dinant ensemble à la contre-batterie du Mont-de-Calvaire, eurent tous trois la tête emportée d'un seul et même boulet de canon. L'après dinée avancée, M. l'intendant vendit et fit charrier les provisions de vivres aux Ursulines (1). Sur le soir, Monsieur Stas vint à la ville représenter aux supérieurs qu'il étoit expédient de désembarrasser le pont-levis, dessus le fossé de la porte d'Anzin, des pierres et des briques qui étoient tombées d'en haut, emportées par le canon ennemi (2), et qui empêcheroient de le lever en cas de nécessité. Mais on lui répondit qu'il n'y avoit encore nul péril (3) et qu'il

tions importantes qui les couvrent sont successivement abandonnées sans être défendues ; l'église Saint-Vaast, la Tourelle *(journée du 9)*, le Noir-Mouton *(journée du 12)*, la redoute des Grands Moulins *(journée du 13)*. Voici une batterie qu'on laisse s'établir à l'endroit le plus favorable pour démolir l'écluse la plus importante..... Il est vrai que les eaux, en se retirant, faciliteront aux mousquetaires blancs l'accès du couronné et de la contregarde ; remarquons toutefois que cette batterie qui canonne l'écluse n'endommage aucunement l'arche en briques sur laquelle les mousquetaires doivent franchir l'Escaut. Les boulets épargnent ce qu'il faut conserver et atteignent ce qui doit être détruit, comme la gorge de la contregarde, l'écluse, le sommet des remparts avec leurs batteries, les portes par lesquelles on passera en suivant l'escalier déblayé, etc.... On ne peut être plus heureux, ou plus adroit, ou mieux servi.

(1) Je ne me souviens pas d'avoir jamais vu des assiégés vendre leurs vivres au beau milieu du siége : curiosité historique à noter et de plus, vente faite en temps fort opportun. Si l'on avait attendu un jour de plus, les Français auraient tout pris. Mais l'intendant était un homme bien avisé et qui avait du coup d'œil ! Du reste, il ménage les apparences, et pour éviter les commentaires, il attend le soir.

(2) Le canon de la batterie G ; cf. note 2, p. 33.

(3) Quelle réponse ! l'officier qui avait jugé *de visu* et venait, de sa personne, le soir même, dans la prévision d'un assaut pour la nuit suivante, faire part de ce danger, était-il un conscrit sans expérience, un visionnaire ridicule ? Qu'étaient donc ces *supérieurs*

retournât à son poste. Les bombes (1) *qui tombèrent en presqu'aussi grand nombre que les jours précédents, excitèrent deux horribles embrasements, vers les dix heures du soir, (outre plusieurs moindres, mais pourtant considérables, qu'elles suscitèrent en divers quartiers tant cette même nuit que les antécédentes), à sçavoir, l'un au logis nommé* l'Ours *et aux bâtiments voisins à la rue Tournisienne, et l'autre à quelques édifices des deux rangs de cette partie de la rue des Vieux-Bordeaux, qui est contenue entre le puits vulgairement appellé 48 et la rue de Brueil, ou des Ailettes.*

Ex Virgelio Libro II Æneidos de Dardania : Venit fœda dies et lamentabile tempus Valencenarum !... Hispani fuimus !.....

Le dix-septième, *les assiégeans qui s'étoient saisis, dès le quatorze, de toutes les maisons qui sont aux deux côtés de la chaussée (laquelle mène des moulins du fauxbourg Notre-Dame à la porte du même nom), jusqu'au milieu de cette étendue, ayant amené par barque (tout le fauxbourg étant inondé) et placé quelques pièces d'artillerie dans aucunes de ces maisons (2), commencèrent*

si tranchants et si sûrs de ce qui devait se faire dans le camp français ? Ce sont ceux qui ont fait abandonner l'église Saint-Vaast (*journée du 9*), la forteresse du Noir-Mouton (*journée du 12*), la tourelle des Grands Moulins du faubourg Notre-Dame (*journée du 13*), et qui ont laissé à l'ennemi, dans le faubourg Notre-Dame, les maisons et positions fortes dont il est question dans les journées du 16 et du 17.

(1) Les bombes qui viennent du Noir-Mouton.

(2) Quand on avait détruit deux faubourgs que les Français ne menaçaient pas et dont ils n'avaient que faire, pourquoi avoir laissé debout ces maisons qui, placées en arrière de la contregarde et du couronné, pouvaient, munies de canons, les prendre à revers ? A la guerre il faut tout prévoir. Était-il difficile de se dire que les Fran-

à l'aurore d'en fouetter l'aire de la couronne. Sur les 6 heures, il fut ordonné à Monsieur Stas, qui gardoit la bacule, de livrer 8 hommes de sa compagnie, et, un peu après, encore 4, pour renforcer un peu quelques dehors de la porte d'Anzin (1) : tellement que 6 ajoutés qui rentrèrent dans la ville pour pourvoir à leur besoin, il resta au corps de garde avec son enseigne appellé Bartholomé Vande Nael et 4 soldats seulement. Au même temps, l'on congédia la compagnie de M. Le Franc, laquelle étoit de renfort à la chambre des sceaux (2) : tellement qu'il ne resta en garde (les autres compagnies de bourgeois et celle de la jeunesse qui avoient veillé aux dehors étant rentrées dans la ville pour prendre un

çais, maîtres en amont du cours de l'Escaut, se logeraient dans ces maisons quand ils le voudraient et qu'ils y établiraient autant de batteries qu'ils le jugeraient convenable ? L'état-major ne fit conserver ces maisons, au lieu de les détruire, que pour permettre au canon français d'endommager la gorge méridionale de la contregarde et du couronné appuyée à l'Escaut. Son but fut de faciliter l'irruption des mousquetaires blancs, non seulement en laissant abattre quelque pan de mur, mais encore en faisant éloigner les défenseurs d'un endroit aussi furieusement attaqué. Ainsi, ce que l'abandon du Noir-Mouton fit au nord pour les mousquetaires noirs, l'abandon de ces maisons le fit au sud pour les mousquetaires blancs.

C'est pour préserver la gorge du couronné et de la contregarde, les moulins du faubourg Notre-Dame et l'écluse, que fut bâti plus tard le fort circulaire qu'on voit encore entre l'Escaut et le canal.

(1) L'instant suprême arrive, aussi trouve-t-on que les vingt-deux hommes de M. Stas sont encore trop nombreux. On lui en prend *huit* d'abord, puis *quatre* autres pour les placer n'importe où, en sentinelles perdues. Mais pourquoi ne s'adressait-on pas au régiment wallon du comte de Solre, ou bien à celui de don Hyéronimo Silva ? ils étaient à deux pas du pont que gardait M. Stas et plus près des dehors que l'on vouloit renforcer ; ils étaient, dans tous les cas, assez nombreux pour pouvoir donner, non douze hommes, mais cinquante sans trop s'affaiblir.

(2) Encore des troupes renvoyées !

*peu de repos) que la compagnie de Monsieur Pitte-
Pance au corps de garde du grand marché (1); duquel
plusieurs étoient absents pour prendre garde à leurs
maisons (2) scituées sur la paroisse Saint-Jacques,
lesquelles étoient exposées à la ruine et à l'incendie des
bombes et des grenades.*

*Aux environs de 7 heures, Monsieur Jean-François
Guilbau, qui étoit généreusement demeuré seul commandant à la grande contre-batterie du Mont-de-Calvaire,
directement opposée aux approches, son collègue, Monsieur Nicolas-Joseph Seret, s'en étant retiré la nuit
précédente, vaincu de lassitude et d'infirmités contrac-
tées par une longue veille et un travail continuel, pour
se refaire un peu, Monsieur Guilbau, dis-je, en descendit
avec les canoniers, étant impossible de s'y tenir davantage, les boulets de canon perçant de toutes parts (3).
Au même tems, le voisinage de l'église Saint-Pierre,
qui avoit fait chanter à ses frais, le 14, la messe du
Saint Esprit, le 15 celle de la Vierge, et le 16 celle des
Trépassés, pour implorer l'assistance du ciel dans ce
déluge de feu et dans l'abandon entier du secours
humain, y fit chanter la messe des Anges à la même
intention.*

---

(1) M. de la Moskowa altère singulièrement ce passage qu'il cite comme textuel ; il dit : « Il ne resta de garde dans les *dehors de* « *la porte d'Anzin*, ce jour-là, que la compagnie de M. Pitte-« Panse. » On voit au contraire que cette compagnie était au corps de garde de la *grand'place*, ce qui est bien différent.

(2) Le moment était bien choisi pour permettre aux hommes de garde d'aller prendre des nouvelles de leurs maisons !

(3) Il est probable que les canonniers Wainpain et Menar que nous verrons tout à l'heure lever le pont sur l'Escaut et arrêter les mousquetaires, étaient au nombre de ceux qui, avec Guilbau, des-cendent ici de la batterie, où ils ne peuvent tenir.

*Flavius Vegetius.
De re militari,
libro IV, capite 27.
Quando oppidanis
inferantur insidiæ—
Non solum in obsi-
dionibus, sed in uni-
verso genere bello-
rum, supra omnia
ducitur hostium con-
suetudinem explora-
re diligenter ac nos
id est (2).*

Sa Majesté très-chrétienne ayant été informée par le rapport d'aucuns déserteurs (1) que toutes les matinées la plupart des soldats espagnols rentroient dans la ville, soit pour reposer, soit pour faire provision de vivre, soit pour satisfaire à quelqu'autre nécessité, après une longue contention dans son conseil de guerre, les uns persuadant d'attaquer de nuit, et les autres de jour, Sa Majesté, dis-je, guidée par sa prudence extraordinaire et par son excessif bonheur, commanda à une partie de 10,000 hommes de sa meilleure gendarmerie, sous la conduite de Monsieur le duc de Luxembourg, d'assaillir et d'emporter la contrescarpe et la couronne cette matinée-cy.

Environ les huit heures du matin, le signal de 9 coups de canon (3) étant donné, cette troupe choisie, sortant

---

(1) Sont-ce bien des déserteurs? et ceux qui autorisaient semblables choses ne le faisaient-ils pas dans un certain but facile à saisir? Ce feu terrible dont il vient d'être question, annonçait une attaque prochaine et, dans l'attente d'un assaut aussi imminent, quand a-t-on permis une pareille débandade, faite régulièrement, chaque jour, à la même heure? Des soldats qui vont se reposer, acheter leurs provisions, etc., etc., etc. voilà assurément un tableau singulier!

(2) Le copiste s'est visiblement trompé : au lieu de *ac nos id est*, il faut lire *ac nosse*.

(3) Notre bourgeois ne parle que de 9 coups de canon ; Pélisson parle de neuf volées de la batterie royale qui était de dix pièces. Le *Mercure hollandais* dit que le signal de l'assaut devait être 9 coups de canon, que 52 pièces de canon et 32 mortiers devaient suivre. Il n'échappera à personne que cette furieuse décharge d'artillerie avait pour but d'appeler l'attention sur l'ouvrage à corne,

des approches avancées à un jet de pierre près de la palissade demi ruinée du canon, comme des lions feroyent de leurs cavernes, elle attaqua les dehors commandés avec tant de ruse (1), de vigueur et de succès, qu'elle en coupa une grande partie des soldats dont elle fit un furieux carnage, et poursuivit jusqu'à la bacule (laquelle, de bonne fortune, avoit été abaissée, mais non pas serrée par manquement de clef) (2) l'autre partie dont plusieurs, pour éviter la boucherie, se précipitèrent dans la rivière, où ils furent presque tous noyés, tirés ou assommés. De là grimpant partie par dessus le corps de garde de la bacule, par le moyen d'une petite échelle (3), partie par dessus la chambre du chef de la garde, à la faveur d'un petit toit, ils forcèrent facilement M. Stas, lequel s'occupant plutôt à lever le pont-levis dessus le fossé qu'à défendre la bacule (comme il étoit certes raisonnable (4), puisque ce seul lèvement pouvoit préserver la ville de sa prise) reçut un léger coup de sabre sur l'épaule droite, et fut fait prisonnier avec son enseigne et ses 4 soldats, dont deux furent blessés, l'un desquels

pour donner aux mousquetaires la chance de passer inaperçus. C'était encore un moyen de terrifier les deux régiments et d'avertir les complices de l'intérieur que le moment était arrivé.

(1) Expression à remarquer.

(2) Comprend-on que dans de pareilles circonstances, on n'ait pas la clef qui doit fermer une barrière aussi importante ?

(3) Les colonnes d'assaut sont d'ordinaire munies d'échelles.... Pourtant cette petite échelle qui rend ici un si grand service me fait l'effet d'être venue toute seule. Est-ce que la main qui l'a disposée si à propos, serait la même qui a égaré la clef de la bascule et ouvert tant de portes au moment précis de l'attaque ?...

(4) Autre inexactitude de M. de la Moskowa, il lit : « *comme il eut été raisonnable de faire,* » c'est précisément tout le contraire de ce que dit et démontre le narrateur.

nommé Adrien Boulenger, natif de Valenciennes, s'efforçant de hausser le pont-levis (ce qui ne put être pour la raison déclarée cy-devant) *(1)*, fut percé d'un coup d'épée au ventre dont il mourut environ trois jours après. Ayant donc franchi le premier pont-levis dessus le fossé, ils parvinrent heureusement jusqu'au deuxième sur la rivière, qui avoit été habilement levé par Jean Wainpain, charpentier et canonier de la ville, Jean Wainpain, simplement charpentier, Nicolas Ménar, graissier, et. ... lesquels avoient aussi fermé les battans intérieurs, et dont quelque-uns avoient vitement couru à la maison de ville *(2)* avertir les Magistrats du progrès des ennemis et du retardement qu'ils avoient apporté : car le gril placé entre les deux ponts-levis *(3)*, mais joignant le premier, avoit été arrêté de peur que la chambre élevée de la roue, venant à être ruinée du canon ennemi (comme elle fut), il ne tombât et bouchât la porte. Ici étant arrêtés et jettant les yeux de toutes parts, ils apperçurent une certaine porte de bois *(4)*,

(1) Le texte porte *ce qui ne peut être*, phrase qui n'a pas de sens. La raison déclarée ci-devant c'était que *des décombres tombés sur le tablier du pont de la porte d'Anzin* empêcheraient de le lever ; il est probable qu'il en était arrivé autant au pont-levis du pâté. Ou bien, il s'agit du nombre insuffisant des hommes restés avec M. Stas

(2) Pourquoi ces braves gens sont-ils obligés de courir jusqu'à la maison échevinale pour chercher un secours qu'ils n'y trouveront pas ? pourquoi n'y avait-il pas un fort piquet de troupes au marché au filet et, mieux encore, dans l'Entre-deux-ponts d'Anzin ?

(3) De ces deux ponts-levis, le premier conduisait du rempart de la ville au pâté ; l'autre est celui qui, aujourd'hui encore, donne entrée dans la citadelle du côté de la ville.

(4) Cette porte les conduisait à l'arche dont nous avons parlé précédemment et l'arche les mena à une porte pratiquée dans le rempart de la ville ; le récit de de Hennin a besoin ici d'être complété par celui de Pélisson. *(Lettre* 229e *).*

Julius Cæsar, commentarium De Bello Gallico, Libro VI. De oppugnatione Castrorum Q. T. Ciceronis pro Sicambris : Hic quantum in bello Fortuna possit et quantos afferat casus cognosci potuit.

laquelle cachoit un large escalier de grez (qui, ayant toujours été couvert de terre, de cailloux et de ronces, avoit été autant imprudemment que fatalement découvert, comme aussi la ditte porte, désarmée de trois fortes barres de fer quelque demi an auparavant) *(1)*, par lequel escalier on monte au gril, et puis, ayant traversé un jardin, on monte au rempart sans autre obstacle que de deux portes de bois qui avoient été en partie brisées par des boulets de canon pendant le siége : aussitôt les plus avancés rompirent cette porte, montèrent au rempart au travers des canonades, que les leurs de dehors tirèrent après eux, les prenant pour des Espagnols *(2)* fuyans, jusqu'à ce qu'ils leur firent entendre, par signes, qu'ils étoient des François victorieux, descendirent dans la ville, dissipèrent les gardes de la porte *(3)*, ouvrirent les battans et abaissèrent le pont-levis.

(1) La ville était investie depuis la Toussaint de l'année précédente, et le 30 avril de la même année, une grande bataille avait failli se livrer entre Louis XIV et le prince d'Orange, l'armée ennemie s'appuyant sur la contrescarpe même où les Français devaient ensuite s'établir. On reconnaîtra, en rapprochant les dates, que les barres de fer disparurent au début même de l'investissement de la place, et que, depuis un an, on avait lieu de se tenir en garde contre les projets des Français.

(2) Cette méprise ne put durer bien longtemps. Puisque Louis XIV, d'une hauteur éloignée, distinguait très-bien les mousquetaires à leurs habits rouges, les canonniers des batteries voisines de la porte d'Anzin devaient les voir encore bien mieux.

(3) Un certificat publié par Dinaux, p. 25, porte à deux le nombre des gardes dont il est ici question.

Cependant les batteries de l'ennemi n'étoient pas oisives ; ses canons lançoient incessamment des boulets, et ses mortiers parfois des bombes et des grenades, dont deux étant tombées, l'une sur une maison à la rue de Brueil ou de Saint-Jacques, et l'autre sur une autre à la rue d'Anzin, y allumèrent deux terribles feux.

Cette bande donc, généreuse et résolue, étant entrée dans la place, pénétra, par la rue d'Anzin (laquelle étoit presque toute déserte pour l'appréhension des boulets et des bombes, comme le reste de la paroisse Saint-Vaast et toute celle de Saint-Jacques), jusques au marché à filet, d'où elle fut fortement repoussée par la bourgeoisie qui accourut de toutes parts et dont il y eut bien 200 hommes, tant tués que blessés, et par un petit peloton de soldats de la garnison, jusques aux moulins, à l'endroit desquels elle se barricada.

Quelque demi heure écoulée après la porte gagnée de la manière décrite, Monsieur le duc de Luxembourg arriva à la bacule, laquelle (chose admirable) ne fut pas haussée, ou peut-être pour la multitude des corps morts, ou pour l'affluence des soldats (1), ou par l'inconsidération des vainqueurs : ce pourquoy il en fit ouvrir le guichet à coups de hache et de coignée, et puis passa dans la ville (2), où il s'efforça de retenir les soldats du pillage, en faisant courre le bruit que le Roy le. suivoit.

---

(1) Si, comme le prétend M. de la Moskowa, le canon valenciennois avait fait rage sur la couronne, après l'entrée des mousquetaires, il faut convenir qu'il eût eu ici de beaux résultats : quelques pièces qui eussent tiré à mitraille sur le guichet et le pont dont rien ne cachait la vue au rempart voisin, eussent fait de bien larges trouées dans cette multitude entassée aux abords du pont et que la largeur de l'Escaut seule séparait de la place.

(2) Il ne peut être encore question que du pillage des maisons de l'Entre-deux-ponts, car nous avons vu les Français retranchés derrière les moulins et le pont adjacent par lequel on pénétrait dans la ville proprement dite.

Cependant plusieurs soldats de la garnison, timides et habiles comme des cerfs, cherchant des asyles et des cachettes dans la partie de la ville opposée à la partie occupée, crioient effroyablement dans les rues par lesquelles ils s'enfuyoient : « Messieurs, sauvez-vous vite-« ment, autrement vous aurez tous la gorge coupée. » Ce qui ne retenoit pas peu de généreux bourgeois d'aller au feu. Au premier vent de l'entrée inopinée et extraordinaire des François dans Valenciennes, Messieurs du Magistrat, qui étoient à l'hôtel de ville, députèrent Monsieur Coquiau, échevin, vers Monsieur le marquis de Risbourg, toujours alité de sa blessure, pour l'en avertir et pour lui demander conseil; lequel contesta que cela étoit non seulement faux, mais aussi impossible, jusqu'à ce qu'il vint un soldat lui parler tout bas à l'oreille. Alors il dit à Monsieur Coquiau : « Allez, « faites le mieux que vous pouvez (1). »

Le même bruit étant parvenu aux oreilles de Monsieur le marquis de Leyde, lequel commandoit à la corne de la porte Cambrisienne et qui étoit alors au marché, il y retourna vitement, laissa pour commandant en sa place Monsieur Vela, l'un de ses capitaines, Espagnol d'extraction, natif d'Oran en Afrique, et rentra dans la ville avec une partie de ses gens, à dessein de s'opposer à ce furieux torrent, qui la menaçoit d'une ruine entière. Aussitôt Monsieur Vela se mit en campagne avec quel-

---

(1) Malgré les dénégations du marquis, les quelques mots qui lui sont chuchottés à l'oreille, par un homme de confiance, l'ont fort vite convaincu : il n'a que trop l'air d'un homme qui se dit que le dénouement prévu est arrivé et qu'il n'y a plus qu'à laisser tomber le rideau. Ce qui reste positif, c'est que le marquis de Risbourg fut accusé d'avoir livré la ville ; voici ce que je lis dans le *Mercure hollandais* de 1677 : « Les François permirent au marquis de Ris-« bourg de venir à Bruxelles pour se justifier et pour faire voir « qu'il n'avoit pas manqué à sa fidélité. » On remarquera que c'est à lui et non au conseil de guerre que le Magistrat envoya demander conseil.

ques soldats, passa dans le fauxbourg Notre-Dame, et, de gaieté de cœur, sans aucune nécessité ou utilité apparente (1), brûla cinq maisons appartenantes à Monsieur le prince de Montmorency, une blanchisserie appartenante à Monsieur Jean-Jacques Tordreau, écuyer, fils de Monsieur le Pensionnaire, et plusieurs autres maisons appartenantes à diverses personnes; quoique les habitans le priassent de s'abstenir d'une action si nuisible, contre lesquels il dégaina son épée, et menaça de les tuer, s'ils ne désistoient de l'importuner.

Enfin le peuple s'étant égueulé de crier au guet (2) du beffroy qu'il touchât la cloche, pour exciter tout le monde à courir avec les armes à la rencontre des ennemis victorieux; icelui, comme se réveillant d'un profond sommeil, donna, sur les 9 heures, une alarme d'autant plus effroyable, que cette cloche avoit gardé le silence depuis l'avancement du siége.

Sur ces entrefaites, M. Jean-François Dumal (3),

---

(1) L'extrémité opposée du faubourg étant aux mains des Français qui y ont établi des batteries, cet officier paraît craindre qu'ils ne s'emparent aussi des maisons plus rapprochées de la porte de Cambrai. Son intention est bonne, mais son zèle est inutile, les Français n'ayant rien à faire de ce côté; d'ailleurs il est trop tard.

(2) Ce silence obstiné a ici une importance qui n'échappera à personne : nous avons vu cent fois et nous voyons encore tous les jours, une seule personne appeler le guetteur du bas de la tour où il se tient et se faire très-bien entendre. Ici, rien ne peut le tirer de son immobilité, ni les neuf salves d'artillerie, ni le bruit de la bataille tant au dehors *qu'au dedans*, ni les cris de la mêlée, ni ceux de toute cette foule qui, selon l'énergique expression de de Hennin, *s'égueule* à l'appeler; il faut une heure de cet horrible vacarme pour le décider à répondre et à faire retentir la cloche d'alarme qu'il laissait dormir muette sous sa main..... Évidemment il avait ordre de ne pas sonner, et pour cela il fallait qu'il fût absolument sourd. — Il le leur fit bien voir.

(3) Cet intrépide ecclésiastique a laissé quelques traces dans nos archives. On lit dans le compte de l'année 1686 :

— A Jean-François Dumal, prestre, pour avoir chanté la messe

prêtre séculier, prit une généreuse résolution ; il vint au marché avec un simple bâton, et, ne voyant personne se mettre en devoir de sauver la communauté, il convia 3 tambours à l'accompagner : avec eux il tira par la rue des Anges, où il rencontra quelques 300 cavaliers de la garnison, venant du marché à filet, au principal desquels (qu'il ne reconnut pas dans la chaleur et la perplexité) : « Monsieur, dit-il, vous retournez « quand il faut marcher vers l'ennemi entré dans la « ville sans composition. — Nous avons convenu avec « lui, répondit-il, d'être prisonniers de guerre, et de « nous rendre tous au marché. — Quelles conditions ont « les bourgeois ? dit Monsieur Dumal. — Nous n'en « avons point parlé, répondit ce brave. » Monsieur Dumal lui ayant fait un juste reproche, passa outre et avança jusques dans la rue d'Anzin, sans s'effrayer des corps morts couchés à l'entrée, où il fit battre la chamade (1) à ses tambours et fit signe de son chapeau à l'ennemi qui tiroit incessamment des moulins, et ne l'écouta pas. C'est pourquoi il retourna au marché, duquel (ayant pris une nouvelle résolution) il revint incontinent, et rentrant avec assurance dans la rue d'Anzin, il vit les mousquetaires rouges et les grenadiers à cheval (lesquels avoient occupé ensemble la ville les premiers avec une centaine d'officiers choisis), tous à pied, marchant lentement, en ordre, avec leurs armes, et avancés jusques environ le logis du Cerf, qui

en l'église de l'Hostellerie, le jour de saint Grégoire de l'année 1686, payé huit livres............................ VIII l.

— A Jean-François Dumal, premier chapelain de l'Hostellerie, en qualité d'autre maistre de la dite école (dominicale), admis par résolution du conseil du dernier de juin 1672, payé pour l'année de son gage eschue le 29 d'aoust 1686..................... XLVI l.

(1) Signal que les assiégés donnent avec le tambour pour parlementer.

le reçurent courtoisement et dont Monsieur le chevalier de Montison l'accolla (1), et le congratula d'être tombé sous la puissance d'un monarque si généreux et si débonnaire. Aussitôt, frère Godefroy Bouly, coadjuteur (établi par le sérénissime Roy d'Espagne Charles II) de frère Claude de la Rue, abbé de Vicogne, qui tenoit une pertuisane ou hallebarde, et Monsieur Jean-Baptiste Bourgeois, qui portoit un mousquet ou fusil, se présentèrent aussi ; mais on cria vitement : Pas de moines icy ! et l'on fit retirer Monsieur le coadjuteur bien loin, duquel néanmoins le zèle pour le salut de la patrie est fort louable. Monsieur le chevalier dit encore à Monsieur Dumal (qu'il appelloit Monsieur l'abbé) : « Faites « cesser les bourgeois (qui étoient « au voisinage) de tirer. » Ce que Monsieur Dumal obtint d'eux

Ex orationibus rhetorum Porcensium (2), Parte I, oratione 13, ad Sigismundum III, Poloniæ Sueciæ que Regem: cives objiciebant arma, rex Ludovicus gratiam proponebat.

(1) La courtoisie et les compliments officiels du chevalier de Montison sont ici bons à constater : ils prouvent, adressés ainsi à un simple particulier, à un inconnu, que les vainqueurs n'étaient pas trop sûrs de la situation qu'ils s'étaient faite au milieu de cette ville surprise et entourés de ces bourgeois qui tirent sur eux.

(2) Il faut lire *forensium* et non *Porcensium*, mot conservé par Dinaux, mais qui n'est pas latin et qui n'a pas plus de sens que *ac nos id est* que nous avons précédemment corrigé. *Forensis* est le mot qui convient pour désigner le discours prononcé en public. En général on ne saurait regarder de trop près les textes latins qui passent par les mains des copistes ; c'est ainsi que, dans le préambule de la Paix de 1114, ces mots *miti nimiâque pace* ont été diversement interprétés, parce qu'on n'a pas vu que, au lieu de *miti*, il faut lire *niti*, et *minimâ* au lieu de *nimiâ*, ce qui fait tomber toute possibilité d'interprétation autre que celle qui est la véritable : ..... videns villam Valencenensem....., quasi nulli legi scriptæ *subjacere* et solis consuetudinibus *niti*, minimâ que pace *gaudere*, etc..... On remarquera la relation et la concordance de *subjacere*, *niti* et *gaudere*, précédés de leurs compléments.

*par supplications (1). Puis il dit : « Faites un peu
« venir du vin. — Monsieur, répondit Monsieur Dumal,
« vous en aurez autant qu'il vous plaira; mais devant
« en aller quérir, je vous demande deux choses : la
« première de ne pas faire d'outrage aux maisons
« qui vous environnent, et la seconde de ne point avan-
« cer plus avant. » Ce qu'étant accordé, Monsieur Dumal,
après avoir pris congé et promis de retourner, se dé-
partit, encourageant le peuple par où il passoit et
l'exhortant à s'abstenir d'actes d'hostilité, comme à
présent inutiles ou plutôt pernicieux. Ayant fait provision de plusieurs bouteilles de vin et de quantité de
biscuits, au logis du sieur Maladry (comme fit Monsieur
Bourgeois de quelques bouteilles de vin à sa maison),
il reprit sa route, et trouva les François un peu avancés, dont Monsieur le chevalier et les autres principaux
étoient assis sur les degrés de la croix du marché à filet
et une sentinelle à l'entrée de la rue des Anges. Ce
sentinelle lui ayant demandé un verre de vin, il le lui
donna; puis il but avec les officiers (comme fit aussi
Monsieur Bourgeois), et les bouteilles étant vidées, il
envoya les remplir. Mais devant leur évacuation, après
quelques complimens et étant quelque onze heures devant
midi, ces généreux, suivis de leurs gens, descendirent
par la rue des Anges au grand marché, où ils se ran-
gèrent et démontèrent la cavalerie espagnole qui étoit
rangée devant la halle, la face tournée vers l'occident,*

---

(1) Ces supplications que l'abbé est obligé d'adresser aux bourgeois, pour leur faire suspendre leur feu, ne prouvent pas tout à fait
des gens abattus et renonçant au succès de la cause qu'ils défen-
dent; on remarquera que M. Dumal stipule en retour que les Français respecteront les maisons et ne feront point un pas plus avant.
C'est donc selon la formule *uti possidetis* qu'il voulait jeter les
bases d'une capitulation. On ne saurait trop admirer le sang-froid,
le courage et l'intelligence que cet ecclésiastique déploie en cette
occasion.

*selon son accord précipité (1), avec un si furieux tinta-
marre (2), que tout le voisinage crut que l'on commen-
çoit de piller la ville. Monsieur le marquis de Louvoy
les suivit, lequel entra en la manière suivante.*

*Comme ces choses se faisoient, Monsieur Leduc, lieu-
tenant, et Messieurs Tordreau, Tasse et Wery, échevins
de la ville, se joignirent et s'avancèrent jusqu'à la rue
d'Anzin. A l'entrée de laquelle, ayant trouvé les François paisibles, ils leur demandèrent des sauvegardes et
des guides pour les conduire au Roy; lesquels obtenus,
ils marchèrent jusqu'à la porte (un peu au-deçà de
laquelle ils se retranchoient encore) et rencontrèrent
Monsieur le duc de Luxembourg, lequel les arrêta, les
interrogea et dit aux siens en leur présence : « Mes-
« sieurs, si quelqu'un de la ville a encore la hardiesse
« de tirer un seul coup, pillez-la ! » A quoi Monsieur
Tasse répondit doucement : « Tout beau, Monseigneur,
« il ne faut pas exposer la communauté à un tel malheur,
« pour l'insolence d'un seul impertinent. Davantage,
« souvenez-vous que la journée est encore longue, et que
« toute la bourgeoisie est sous les armes (3). » Ici Monsieur Tasse induisit aussi Monsieur Tordreau à retourner
défendre aux bourgeois de tirer. Après ceci, Monsieur le
duc de Luxembourg les laissa passer. Étant sortis,
Messieurs Leduc et Wery montèrent à cheval, et Monsieur Tasse continua son chemin à pied, séparément,*

---

(1) Accord *précipité*. Ils s'étaient en effet fort pressés de se rendre et ils se montrent ici encore fort pressés d'obéir.

(2) Pourquoi ce furieux tintamarre ? n'est-ce pas un autre moyen d'intimidation calculé comme tout ce qui précède ?

(3) L'intimidation que chercha à produire Luxembourg provoque de la part de M. Tasse une belle et fière réponse. Elle prouve, aussi bien que la persistance du tir des bourgeois, que nul n'eût désespéré du salut de la cité, s'il avait fallu en appeler une dernière fois aux armes.

jusqu'un peu au-delà de Saint-Waast-en-Haut : d'où appercevant venir quelque grand, on lui cria : Voici le Roy! C'est pourquoi, à son approche, il se mit à genoux. Mais on lui cria promptement : Levez-vous, ce n'est pas le Roy! Et en effet, c'étoit Monsieur le marquis de Louvoy, lequel étoit accompagné d'un vénérable personnage vêtu de violet, avec une croix d'or pendant au col, duquel, comme un illustre ecclésiastique en apparence, Monsieur Tasse implora le crédit, mais il ne lui répondit pas un mot. Monsieur le marquis de Louvoy demanda donc à Monsieur Tasse s'il étoit du Magistrat : « Oui, « répondit-il, et je viens demander la composition de la « ville. — Il est trop tard, repartit Monsieur de Louvoy, « et le Roy est bien fâché contre vous, parce qu'on lui a » rapporté que vous étiez obstinés à vous laisser tous « brûler plutôt que de vous rendre (1). — Je ne pense « pas, répliqua Monsieur Tasse, qu'un Roy magnanime « comme lui, blâmera jamais un peuple pour avoir « témoigné à son prince la fidélité qu'il lui devoit. Voici « seulement le sixième jour que vous battez la ville, « vous n'aviez emporté pas un dehors jusqu'à mainte- « nant, si la garnison a fait une faute, est-il raisonnable « que la bourgeoisie en porte la peine (2) ? De grâce, « faites-moi conduire au Roy. — Il n'est pas nécessaire, » dit Monsieur de Louvoy, j'ai la parole de Sa Majesté : « les bourgeois auront la vie et les biens saufs, moyen- « nant une somme dont on vous parlera tantôt. Retour-

---

(1) L'attachement des bourgeois à la cause de l'Espagne était bien connu. Pélisson dit à ce sujet, dans sa 229e lettre : « Les habi- « tants nous haïssent beaucoup, à ce qu'on dit, mais ils se radou- « ciront et s'apprivoiseront, et les dames sont déjà assez contentes « de la civilité française. » — *Déjà! le jour même de l'assaut!* n'est-ce pas un peu prématuré ?....

(2) Quelle faute ?.... si ce n'est d'avoir honteusement livré la place sans même demander une capitulation quelconque ?

« nez à la ville avec moi. » A ce commandement Monsieur Tasse obéit, et ayant passé le guichet de la bacule, il fut terrassé par la foule, et difficilement relevé par ses conducteurs. Enfin étant rentré, Monsieur de Louvoy lui demanda le moyen d'obvier au désordre (1). « Mon-
« seigneur, voici l'unique, répondit-il : mettez garde
« au pied du Mont-de-Calvaire (2), auprès de l'écluse
« joignant les Repenties (3) et sur le pont des moulins
« d'Anzin (4), et vous maîtriserez tous vos soldats. » Cet avis fut exécuté aussitôt ; mais son exécution n'empêcha pas le pillage de la rue d'Anzin, de la rue Glatenie, et de plusieurs autres. Ceux qui pénétrèrent jusques au Roy, lequel étoit à cheval, comme Monsieur Wéry, qui eut le premier l'honneur d'implorer sa clémence, aux environs de la Maison Blanche, devant même Monsieur Leduc, et le sieur de Rans, greffier des Werps, Dugardin, Delewarde, Boulé et Guilbau, qui se jettèrent à ses pieds entre Saint-Vaast-en-Haut et la fontaine Notre-Dame, ne remportèrent aucun avantage sur Monsieur Tasse, sinon celui de voir la face martiale, et d'entendre la grave parole de Sa Majesté.

Monsieur le marquis de Louvoy vint dans la maison de

(1) Ce conseil demandé par un personnage aussi orgueilleux que Louvois et pour une chose que son œil exercé voyait parfaitement bien, marque son désir de produire un effet favorable sur un homme qui, comme M. Tasse, devait être un magistrat influent, et par suite, sur l'esprit de la population nouvellement conquise : la même bienveillance se trouve encore dans les paroles qu'il prononce à l'hôtel de ville.

(2) Derrière les *Chartriers*, à l'endroit où le chemin de fer d'Aulnoye coupe le rempart pour entrer en gare.

(3) Cette écluse existe encore, elle touche au fossé de la porte de Paris.

(4) C'est le pont, voisin des moulins, sur lequel on passe pour aller à la citadelle.

ville, dans laquelle il conféra avec aucuns du Magistrat qu'il y trouva, principalement sur le logement de la garnison, qu'il dit devoir être de 6 bataillons, ou de 35 ou 36 cents fantassins et de quelques 800 cavaliers, et laquelle il dit aussi qu'il ne souhaitoit pas d'être logée chez les bourgeois, de peur d'incommoder leur trafique; mais que la cavalerie et tous les hauts officiers seroient logés dans les auberges, et que l'infanterie hutteroit sur les remparts, avec quelque petite reconnaissance de la ville, jusqu'à l'hyver, pour lequel on bâtiroit des cazernes. A quoi Monsieur Tasse répondit ingénieusement que c'étoit là la plus forte citadelle que Sa Majesté pût bâtir à Valenciennes. Monsieur de Louvoy expliqua aussi la volonté du Roy, qui exigeoit la construction d'une citadelle aux frais des habitants, pour le rachat de leurs vies et de leurs biens. On lui demanda la permission de faire une information (1) sur la prise de la ville pour l'envoyer à Son Excellence, ce qu'il dénia disant que Valenciennes n'avoit plus rien à démêler avec Bruxelles.

Le Roy envoya pour gouverneur à la ville Monsieur Bardo-Bardi Magalotti, gentilhomme italien, natif de Florence en Toscane, lieutenant-général en ses armées; lequel vint à la maison de ville et s'y tint quelques jours, devant prendre logis à Vicoignette (2). Incontinent qu'il fut arrivé, s'appliquant à la conservation du peuple

(1) L'information que le Magistrat veut faire pour l'envoyer à l'Espagne, nous montre bien que, dans sa pensée, il y avait eu trahison et qu'il se sentait pressé, en révélant les coupables, de faire éclater son innocence. Par contre, on comprend que Louvois ait tenu à ne pas accorder pareille satisfaction; sa réponse habile et ferme enveloppe toute la procédure pour l'empêcher d'aller plus loin. Voilà pourquoi le récit de de Hennin est si précieux : que saurions-nous de toute cette affaire, si nous n'avions pas son mémoire ?....

(2) Ce fut plus tard la demeure de l'intendant.

désolé qui venoit de lui être commis, il ordonna, par une criée publique, de fermer toutes les maisons, et si les soldats faisoient force à quelqu'un, de recourir promptement vers lui.

La garnison espagnole désarmée fut renfermée, partie dans l'église Notre-Dame-la-Grande, partie dans l'église Saint-Nicolas.

On relâcha les prisonniers de guerre et le reste des emprisonnés pour soupçon de trahison.

<small>Ex Justino, libro 28. De Antigone et Spartanis. Rex Ludovicus, cæso Valencenarum præsidio (videlicet in opere coronato portæ Duacensis), fortunam tantæ urbis miseratus, a direptione milites prohibuit.</small>

Toutes les rues retentissoient des fiers murmures des soldats qui se plaignoient hautement qu'on leur interdisoit le pillage de la ville, laquelle, disoient-ils, ils avoient gagnée à la pointe de l'épée et, partant, devoit leur être donnée en proye, selon les lois de la guerre. Ce qui ne donnoit pas peu d'appréhension aux bourgeois renfermés dans leurs maisons.

Le dix-huitième et le jour suivant, Messieurs du Magistrat travaillèrent à former des conditions pour demander à Sa Majesté.

Le dix-neuvième, le Magistrat, le Conseil particulier et le Grand Conseil (lesquels furent tous continués), prêtèrent le serment de fidélité entre les mains de Monsieur Magalotti. On emmena la garnison espagnole, garottée, prisonnière en France.

Le vingtième, le Roy (qui n'entra pas dans Valenciennes, au moins publiquement) apostilla favorablement et signa au camp les articles offerts par les députés de la ville, laquelle fut remplie d'une joye extraordinaire à la vue d'une si rare clémence; laquelle véritablement fut

Ex orationibus rhetorum Porcensium (1), parte primâ, eadem oratione 13. I, Fama, dic Ludovicum regem, armis invictum esse et plus tamen clementiâ quam armis posse. } beaucoup plus puissante que toutes les machines de guerre, puisqu'elle sçut faire brêche au cœur de la bourgeoisie et en exprimer l'affection pour Sa Majesté. De la part de Monsieur Magalotti, on fit commandement à tous les bourgeois de porter leurs armes à l'hôtel de ville, sous peine de désobéissance.

Les étrangers que la curiosité attiroit de toutes parts, ne sçavoient assez admirer la ruine des bâtimens, principalement sur les deux paroisses de Saint-Jacques et de Saint-Waast, entre lesquelles, le seul collège des Jésuites avoit reçu, selon les observations de tous, plus de 360 bombes, outre les boulets de canon (2).

CONCLUSION

Le lecteur peut juger maintenant si, oui ou non, la trahison a paralysé la défense et ouvert les portes de la ville. Sans doute des pièces officielles qui l'établissent de façon irrécusable nous manquent, mais ces sortes de pièces ne sont pas toujours nécessaires à l'évidence ; et si elles font ici défaut, il faut s'en prendre à ceux qui les ont détruites avec les procédures, après avoir défendu

---

(1) Voir la note 2 de la page 50.

(2) Le collège des Jésuites, comme toute la paroisse Saint-Jacques, étaient particulièrement exposés au feu des batteries établies au *Noir-Mouton* et à la droite de la route actuelle d'Anzin.

l'enquête et couvert les coupables de leur autorité toute puissante. Dans de pareilles conditions, le récit de de Hennin prouve le fait autant qu'il peut être prouvé.

Un autre point, intimement lié au premier, nous semble encore acquis ; c'est la mission particulière des mousquetaires et des grenadiers en dehors de l'attaque générale.

L'historiographe de cette campagne, Racine (1), puis après lui Voltaire (2) et d'autres encore se sont plu à effacer derrière cette vaillante troupe toutes celles qui ont pris part à l'attaque : à les entendre, les mousquetaires ont tout fait, car ils paraissent en première ligne partout où il s'est fait quelque chose. De plus, ils se seraient emparés de la ville presque sans le chercher, sans plan préconçu, et emportés par une fougue qui les aurait poussés, à travers les obstacles, pêle-mêle avec les fuyards....

Rien n'est plus inexact : leur action a été calculée, ils ont suivi un plan bien conçu et préparé de longue main peut-être (3), ils ont rempli une mission spéciale et combattu à part sous la conduite de leurs chefs d'ailleurs très-bien renseignés. Nous pensons l'avoir suffisamment établi.

(1) *Précis historique.*

(2) *Siècle de Louis XIV.*

(3) « Le Roy, qui, dès le commencement de la guerre, méditoit de « les assiéger (les Valenciennois), s'étoit saisi des villes voisines « et avoit ordonné de grands magasins, etc.... » (Racine, *Précis historique*). — En préparant le siège, on a dû préparer *autre chose*, et il n'est pas inutile de rapprocher de ce passage celui où de Hennin, parlant de la porte que les mousquetaires brisent dans le couloir du pâté, ajoute « qu'*elle avoit été désarmée de trois fortes barres de fer quelque demi-an auparavant.* » — La *désarmer* en présence de l'ennemi eût paru en effet fort suspect. La remarque de de Hennin prouve néanmoins que le fait fut ultérieurement rappelé et commenté.

La ville prise, il faut louer Louis XIV de l'avoir préservée des horreurs du pillage, et Valenciennes lui en fut reconnaissante ; pourtant, ici encore, nos éloges ne se donneront pas sans réserve.

Faut-il en faire honneur à sa magnanimité et à sa clémence?... Pas entièrement ; car en réalité il ne servit que son intérêt personnel.

Qu'eût-il gagné à laisser ses soldats se souiller de sang et de rapines ? — Rien. — Il eût eu une ville plus ennemie, plus implacable, et plus pauvre, voilà tout ; tandis que son acte de clémence la lui livra toute disposée à saluer la royauté nouvelle, si elle se montrait réparatrice et douce.

Mais ce qu'il gagna surtout, ce fut de pouvoir exiger d'elle qu'elle se couronnât, à ses frais, de remparts inexpugnables pour l'époque. L'argent que ses soldats eussent pris en une fois, sans profit pour l'État, et en ruinant la ville de fond en comble, il nous le demanda et nous le fit payer en détail au centuple ; aussi les charges de Valenciennes comme place de guerre, furent-elles une des causes qui la firent de plus en plus décliner, pendant tout le cours du XVIIIe siècle (1).

---

(1) Voir notre *Essai sur le régime économique, financier et industriel du Hainaut*, p. 151, 220 et *passim*.

APPENDICE

L'ENTRE-DEUX-PONTS D'ANZIN,
LE CHATEAU-LE-COMTE, LA REDOUTE
ET LA CITADELLE.

Le lieu où s'élève aujourd'hui la citadelle est entouré à l'Est, au Sud et à l'Ouest, par deux bras de l'Escaut sur lesquels furent très-anciennement jetés deux ponts qu'on devait franchir pour aller de Valenciennes à Anzin ; de là l'expression de *Entre-deux-ponts d'Anzin* par laquelle il était désigné.

L'Entre-deux-ponts n'était pas seulement un passage très-fréquenté ; il était habité et formait une sorte de faubourg. Je l'ai cité dans mon opuscule sur l'*Abattis de maisons :*

« — A Colart le Burier, pour LXIIII arbalestriers et
« les II mestre double, pour I journée qu'il furent mis
« devant St Pière et au bierfroit, quant li sires de Mas-
« teng fist l'outrage entre II pons d'Anzaing, IIII l. V s.
(Compte de 1348).

En le disant habité, je n'entends pas qu'il n'eût qu'une population de quelques feux : voici un article du compte de 1539 qui nous la montre assez nombreuse pour donner, comme celle des autres quartiers à la même époque, des représentations scéniques sur des tombereaux, à moins qu'il n'y faille voir des exhibitions analogues à celles des *chars* de nos *Incas :*

« — A Pierart Duwez, pour pareillement avoir livré
« deux kennes du dit vin, présentées aux confrères
« [joueurs sur kars] d'entre-deux-pons d'Anzaint
XXXVI s.

Là se trouvaient la maison et la chapelle des pauvres prêtres, dits de Saint-Grégoire, qui, fondées en 1446, devinrent plus tard celles des pénitentes de la Madeleine, dont le seul souvenir qui nous reste est le nom donné à l'écluse des *Repenties*.

Cet endroit, si bien protégé par les eaux, et qui dominait le cours de l'Escaut à son entrée dans Valenciennes, fut regardé, de tout temps, comme le plus important pour la défense ou la surveillance de la ville ; c'est ce qui, après beaucoup de vicissitudes, en expulsa définitivement les habitants.

Les anciens comtes y avaient élevé un château-fort (*castellum*) dit château-le-comte. Quand Jean d'Avesnes médita quelques tentatives contre la liberté valenciennoise, à la fin du XIIIe siècle, il en fit réparer et fortifier les murailles.

Nos bourgeois, pour se protéger contre ses desseins, bâtirent en face du château deux tours, l'une qui reçut le nom de Saint-Gille, patron de la ville, et qui s'éleva où sont aujourd'hui les *Chartriers ;* l'autre, appelée tour de Vaucelles, se trouvait au bord du fossé qui séparait la ville du château (1).

Bientôt les deux partis en vinrent aux mains, et le château-le-comte fut pris et rasé (1292).

En 1298, le lieu est rendu au comte, mais il est stipulé qu'il ne lui servira qu'à tenir ses plaids et que jamais, ni tours, ni murailles, n'y seront élevées qui puissent constituer un danger pour la ville. Les réparations à y faire ne devaient jamais excéder annuellement 40 s. tournois. Le château, mal entretenu, mal réparé, tomba en ruines et fut démoli en 1516, avec l'agrément de Charles-Quint.

Toutefois, longtemps avant cette époque, les guerres qui survinrent après la mort de Charles le Téméraire, avaient fait sentir le besoin de fortifier cette partie de la ville. Il fallait en effet non seulement la préserver des incursions ennemies, mais encore couvrir les moulins-le-comte. On transporta donc la porte d'Anzin du bras oriental de l'Escaut sur le bras occidental, où on la voit encore, et l'on y ajouta des ouvrages qui entraînèrent la démolition de beaucoup de maisons particulières et une partie de celle des pauvres prêtres, lesquels l'abandonnèrent aux sœurs de la Madeleine. Les travaux de dé-

---

(1) Elles durèrent jusqu'à la fin du XVIe siècle.

fense se continuèrent longtemps à cette partie de notre enceinte, car en 1539 on expropriait encore (1).

Les troubles religieux de 1568 firent revenir le gouvernement espagnol moins à l'idée d'un simple château qu'à celle d'une véritable citadelle, et le duc d'Albe en décida la construction pour tenir la bourgeoisie en bride. Les pénitentes de la Madeleine durent à leur tour chercher asile ailleurs, et le 1ᵉʳ octobre 1570, de Noircarmes vint à Valenciennes avec l'ingénieur Pachiotto et il désigna la place où devait s'élever une nouvelle forteresse, partie aux frais du roi, partie aux frais de la ville, dans l'Entre-deux-ponts d'Anzin. C'est alors que fut abattue la tour de Saint-Gilles. La nouvelle forteresse fut appelée *Redoute*, on y mit garnison et on y roula tous les canons de la ville. Trois boulevards, dont on la protégea, portèrent les noms d'*Albe*, *Pachiotto* et *Orégon*; ce dernier du nom du premier châtelain à qui elle fut confiée. Cette citadelle joua un rôle important pendant les troubles de l'époque ; elle fut même assiégée en 1576 ; chaque métier dut livrer dix pionniers pour les tranchées ; en même temps un régiment d'Allemands, logé en ville et d'intelligence avec les assiégés, occupa en armes le marché : leur prétexte était d'empêcher l'entrée d'un corps de gendarmerie wallonne, leur but probable était le pillage de la ville de concert avec la *Redoute*. Nos bourgeois furent obligés de faire face à ce nouvel ennemi et d'assiéger tout à la fois les Espagnols dans la forteresse et les Allemands sur la grand'place. Leur résolution et leur vigueur effrayèrent ces derniers qui se rendirent. La *Redoute*, sommée ensuite par le lieutenant du comte de Lalaing, au nom des Etats, d'ouvrir ses portes, obéit, et sa garnison se retira par les dehors.

L'année suivante, en octobre 1577, elle fut définitivement démolie. « Le comte de Lalaing, dit d'Outreman,
« grand bailly de Hainau et gouverneur de Valentiennes,
« en présence du Grand Conseil assemblé à ceste fin,
« remit les bourgeois et manans de la ville en tous leurs
« anciens priviléges, droicts et franchises, et leur fit
« rendre les clefs de la ville, qui estoient lors ez mains
« de Monsieur de la Hamaide, Prévôt-le-Comte. En

---

(1) « — A Noel Le Boucq, pour récompense de certaine portion
« d'héritage et gardin à lui appartenant, gisant entre-deux-ponts
« d'Anzaing, assez près de la Magdelaine, laquelle a esté prise et
« appliquée à la fortification de ceste ville, etc.... »

« outre il reçeut le serment de tous les assistans d'entre-
« tenir l'union des Estats, et garder la religion catho-
« lique, apostolique et romaine, estre fidèles au roy et à
« la patrie. Lequel serment il fit pareillement prester aux
« quattre compagnies de bourgeois le samedy suivant.
« Et finalement le mardy XXII dudit mois, environ les
« XII heures à midy, les soldats sortirent du chasteau
« par la porte des champs, et à mesme entra par la porte
« de la ville la moitié de la compagnie de Monsieur de
« Rosel, qui estoit de garde ce jour-là, et plusieurs
« bourgeois montèrent sur les murailles du chasteau.
« Là-dessus le comte de Lalaing arriva, accompagné de
« beaucoup de gentilshommes, un loucher en main,
« duquel il n'eut pas plustôt donné le premier coup
« contre les terrasses, que tous les bourgeois se jettè-
« rent dessus, et s'employèrent à desmolir et ruiner le
« chasteau. »

Diverses entreprises, qui eurent lieu depuis cette époque contre la porte d'Anzin, la firent momentanément condamner, puis déterminèrent la construction du pâté et des dehors mentionnés dans cet opuscule; la date précise nous échappe, mais nous supposons ces travaux terminés à la fin du XVIe ou au commencement du XVIIe siècle; une pierre blanche très-fruste, enclavée dans la muraille du rempart, en face du pâté, porte une date qui semble être 1621.

Voilà ce qu'avait été l'Entre-deux-ponts, quand Valenciennes fut assiégée par Louis XIV et sur quelle assiette fut bâtie la citadelle actuelle qui nous servit de rançon.

www.ingramcontent.com/pod-product-compliance
Lightning Source LLC
LaVergne TN
LVHW021726080426
835510LV00010B/1158